本书编委会

庆祝中国共产党成立100周年
The 100th Anniversary of the Founding of
The Communist Party of China

申情永向党
赋能再出发

中共申能（集团）有限公司委员会 主编

申能集团系统先进事迹汇编

上海三联书店

序 言

2021 年，是中国共产党建党 100 周年。

百年征程波澜壮阔，百年初心历久弥坚。从上海石库门到嘉兴南湖，一艘小小红船承载着人民的重托、民族的希望，越过急流险滩，穿过惊涛骇浪，成为领航中国行稳致远的巍巍巨轮。

作为中国特色社会主义的重要物质基础和政治基础，百年征程之中，国有企业发挥着"顶梁柱"与"压舱石"的作用。在党的坚强领导下，国有企业勇担使命，为经济社会发展做出极大贡献。

申能因改革开放而生。改革开放初期，如何恢复和快速发展经济成为党和人民的当务之急。"经济发展，电力先行"。1985 年 11 月，华东三省一市试行"二分钱办电政策"，即每度工业用电征收 2 分钱电力建设基金。1987 年，为管好、用好电力建设基金的 2 分钱，上海市委、市政府决定成立申能电力开发公司，作为上海市集资办电资金总账房，统筹融通、滚动使用上海市集资办电资金，把上海市的电力事业做好。

申能因改革开放而兴。三十余载以来，申能集团始终秉持"锐意开拓、稳健运作"的经营理念，坚定信仰，砥砺前行，以红色文化为企业高质量发展强根铸魂。公司聚焦能源主业，担负起上海能源保障

供应主力军的重任，不断做大做强电力产业，奉献清洁电力，打造绿色创新先锋电力版图；积极发展油气产业，安全供应清洁天然气，全面提升油气产业链水平。进入 21 世纪，公司逐步扩大对金融领域的投资，大力提升产业能级与赋能实体能力，金融产业涉及证券、保险、基金等多个领域；加快多元创新，积极布局战略新兴业务，拓展线缆创新服务、氢能、分布式供能、环保等产业，推进科技创新，打造公司发展的新增长极。

在此过程中，系统企业涌现出一个个先进典型事迹。他们之中，有一生耕耘科研，默默践行"工匠精神"的大国工匠；有朝气蓬勃，在实践中诠释"青春正能量"的青年集体；还有热忱服务，为市民朋友排忧解难的"微笑大使"……正是他们构成了申能集团"群英谱"，为申能集团高质量发展注入不竭动力。

他们是申能的开拓者，更是申能集团全体员工需要学习的典范。

在这本事迹汇编中，我们将看到他们奋发向上的身影，也将看到他们在工作中的动人故事。我们希望以他们为榜样，在集团系统内部传播正能量，形成昂扬向上的精神状态，助力申能集团"十四五"时期开好局、起好步，主动服务和融入新发展格局，着力提升产业发展能级、安全保障能级、企业创新能级、党建引领能级，为中华民族伟大复兴贡献申能人的力量。

党委书记 董事长

2

contents
目录

contents
目录

第一章

申情向党

申能股份有限公司党委：
以高质量党建引领高质量发展

申能股份有限公司党委下设22个直属党组织，党员总数逾1000人。作为上海市国资委第三轮"红旗党组织"，公司党委始终坚持围绕中心、服务大局，毫不动摇坚持党的领导、加强党的建设，切实为企业高质量发展提供坚强保障，围绕"双碳"目标，紧跟能源体制改革和国企改革步伐，聚焦主责主业、强化使命担当，牢牢抓住改革发展重点、难点，书写了高质量发展的"申能篇章"。

申情永向党，赋能再出发

第一章：申情向党

固本培元，唱响政治"主旋律"

　　长期以来，申能股份党委始终坚持凝聚发展共识，夯实政治建设，把党的领导融入公司治理这篇大文章，实现了党建入章程要求"全面落实"，为党组织有效开展工作、发挥作用提供制度保障。通过把党的领导与制度管控有机结合，实现了党委研究讨论"前置程序""全面贯彻"，明确把党委研究讨论作为经理层做出决策的前提，切实为公司高质量发展提供坚强的政治保证。

　　为进一步夯实党员干部思想根基，申能股份党委落实"四同步、四对接"，实现了基层党组织建设"全面覆盖"，确保党建工作不留死角。同时，建立中心组学习"第一议题"和领学导读机制，探索开展巡听旁听，不断强化党的全面领导，把好企业改革发展的政治方向。

　　党的历史是最生动、最有说服力的教科书。申能股份党委深入开展党史学习教育，举办"史题百问"答题、"初心薪火"微党课、"重走来时路'申'情系百年"线上教育、"红色地标"青年讲师团等特色活动。将百年活动与党史学习教育融合推动，积极打造"理论""实事""宣讲""品牌"四张"红色名片"，切实做到学史明理、学史增信、学史崇德、学史力行。

　　在用党的创新理论最新成果武装头脑、指导实践、推动工作的同时，申能股份党委也切实履行好党委的主体责任，通过召开全面从严治党工作会议、制定《申能股份党委及领导班子成员落实全面从严治党工作责任制的责任清单》、逐级签订责任书和承诺书等方式，构建层层担当、人人担当、共同担当的良好工作局面。申能股份党委还逐步建立起公司系统直属党组织"党建工作责任制考核体系"和基层党支部"达标考核体系"的双体系全覆盖管理模式，聚焦经营管理的重点领域、关键环节，坚持"制度加科技"，筑起一道科技"防火墙"，推进党风廉政建设项目化，将党风廉政建设限制性、约束性规定融入管理制度、嵌入管理流程。

强根铸魂，奏响党建"交响乐"

以高质量党建引领高质量发展，申能股份党委在行动。

2021年是中国共产党成立100周年。申能股份党委结合年度中心工作，深化主题实践，组织开展"砥砺奋斗迎百年，凝心聚力创佳绩""奋进新时代，党员有作为"等主题活动，并建立起"党员责任区""党员示范岗""党员突击队""党员项目攻关组"等机制，引领系统各级党组织和广大党员在低碳发展、能源保供、工程建设等急难险重任务中发挥作用、攻坚克难、担当作为，不断强化党员在企业发展中"破解难题、创新管理、提升效益"的责任。

以优秀党建品牌创建为抓手，申能集团党委持续巩固"红旗党组织"创建成果，持续深化"'双优党组织''品牌党支部'创评"长效机制，积极开展"一党委一品牌、一支部一特色"建设，目前已形成系统党建品牌64个，覆盖22家企业，实现党建品牌建设全覆盖，多个品牌荣获上海国资委、申能集团系统优秀特色品牌，其中外三发电"三合"党建工作法荣获"上海国企党建品牌"称号。面对疫情，成立抗疫党员"突击队""先锋队"、组织"防疫路上党旗飘"等一系列特色活动，让党员的旗帜在战"疫"中高高飘扬。

在企业日常运行中，申能股份党委也始终坚持实施人才强企战略，坚持"党管干部、党管人才"原则，立足业务发展需要，选优配强各

级干部，推动干部跨业务、跨地区常态化交流任职。针对年轻干部，申能股份党委也创新培养模式，引导他们前往基层一线锻炼，一批系统单位优秀骨干投身于青海、内蒙古、甘肃等地新的工作岗位。同时，完善激励约束体系，持续推进"年度＋任期""企业＋部门""专项＋工程"相互结合的考核体系，制定实施股权激励方案，为进一步调动核心骨干人才积极性、促进企业高质量发展提供政策支撑。

凝心聚力，谱写和谐"协奏曲"

在发展的过程中，申能股份党委还承担社会责任，彰显国企担当。

能源行业是推动绿色发展，实现"碳达峰、碳中和"的关键领域。围绕"双碳"目标，申能股份党委积极践行绿色低碳发展路线，努力建设资源节约型和环境友好型企业，实现能源与环境的和谐发展。以"申之能"微信公众号为依托，申能股份党委架起服务基层党组织、服务党员群众互动的坚实桥梁，并于2021年初拓展宣传阵地，创立"申能股份"微信公众号,通过宣传典型案例,赋能企业绿色发展,激发起公司系统党员群众奋进新征程、建功新时代的磅礴力量。

另一方面,引领群团工作,激发组织活力。努力构建党建带群建、群建促党建大格局,全面推进公司系统工会改革,强化对工会工作的领导。大力推动技术能手培育,深入开展岗位建功,引导系统企业创建技师工作室,弘扬劳模精神、工匠精神、创新精神。凝聚团青力量,找准青年成才"突破点",逐步形成了以"申能之星""青年技术联谊会""青年工程"为代表的品牌活动。经过多年的培育各类先进不断涌现,多个集体和个人荣获上海市劳模、上海市五一劳动奖章、上海工匠、上海市劳模创新工作室、上海市青年五四奖章、上海市五四红旗团委等称号。持续开展"申享"等文体活动,弘扬"快乐工作、健康生活"的文化理念,凝聚和谐企业力量。

聚焦乡村振兴,申能股份党委还开展"我爱母亲河"等志愿服务活动,实施云南省富宁县对口帮扶,支持甘肃省酒泉市新冠疫情防控工作,树立"有责任、有担当"的企业形象。大力培育和践行社会主义核心价值观,开展精神文明创建工作,公司系统6家单位被评为第二十届上海市文明单位,7家企业被评为申能集团文明单位。

上海电缆研究所有限公司：
强科创引领之本 铸行业影响之魂

上海电缆研究所有限公司（简称"上海电缆所"）前身是原机械工业部上海电缆研究所，建所六十多年来，持续引领我国电线电缆行业的创新与发展。曾获市国资委系统"红旗党组织"。2021年，获上海市五一劳动奖状。

以超导示范线为代表，
让"战新"项目在科创热土上落地生根

高温超导体，可以说是 20 世纪最伟大的发明之一。但在过去，在超导材料实用领域，中国落后于西方少数发达国家。解决"卡脖子"问题，上海电缆所义不容辞，却也是一场艰难的闭卷考试。

"从文献上学习到的东西都是表象，一切新技术的研发都靠我们团队攻坚克难，自主研发。在可参照的经验和案例无比稀缺的条件下，正是一种敢于'吃螃蟹'的精神，给研究人员开了一扇光明之窗。"上缆所副总工程师、超导项目"党员先锋号"号长宗曦华回忆团队初建时，不无感慨地说。

超导示范工程建设团队是上海电缆所创设的第一个"党员先锋号"集体，在团队中，设置了超导科研组、超导工艺组和装备设计组三个技术攻坚组，联合国家电网上海市电力公司、上海交通大学、上海大学、上海电缆厂等产学研用单位，通过长达十多年的努力，最终实现了工艺车间中所有生产线的自主设计。在这个过程中，每条生产线都洒满了超导人的心血，平均每条生产线被改造的次数超过 10 次以上，通过努力团队将国外垄断的原材料的价格在 10 年内降低了近 2/3。

2013 年 12 月 9 日，国内首套 50 米、35kV、低温绝缘高温超导电缆在上海宝山正式挂网运行。后经持续三年的挂网试运行，2019 年 2 月，中国首条公里级高温超导电缆示范工程在沪正式启动，并即将于 2021 年年内并网通电。"衣带渐宽终不悔，为伊消得人憔悴"是"党员先锋号"团队成员最真实的写照，而对上海电缆所的超导人来说，让技术走出实验室，让工程在脚下的热土里落地生根是无比欣慰和骄

傲的事。

以"三个二"为目标，打造宝山高端检测新地标

"新检测"是上海电缆所"一核两翼八驱"战略在产业之翼的一个重要驱动器。为了突破本部捉襟见肘的空间、升级检测服务的能级，2018年，经过全面整合而成立的上海国缆检测中心有限公司瞄准宝山城市工业园区，启动高端检测新基地的建设。

"上海市五一劳动奖章"获得者、时任国缆检测副总经理的黄国飞是80后技术骨干出身。来不及多想，他挑起了基地建设的重任。建设期为二年，面对"时间紧，任务重"的客观现实，又不能忽视"抓质量，保安全"的要求，黄国飞以上海电缆所为后盾，带领建设团队盯在施工现场跟进施工进度、关注工程质量，最终取得成功。

随着基地竣工，国缆检测整体搬迁又是摆在面前的一项"大工程"。由于检测行业的特殊性，搬迁后需要通过国家对机构检测能力的评审通过后，方可恢复检测业务，如果未通过评审，国缆检测就要暂停一切业务。为了确保国缆检测的检测资质及 IPO 上市培育不受影响，国

缆检测又提出了"二周内完成整体搬迁，二天内通过现场评审"的工作计划，黄国飞团结带领全体国缆人组建突击队，用最短的时间、最高的效率最大限度降低对业务工作的影响。

克服疫情影响，上缆策展人"心中有火，眼里有光"

我国是全球电线电缆第一大生产国和消费国，线缆行业是国内仅次于汽车工业的第二大行业，是国民经济的血管与神经。上海电缆所下属信息会展中心承担着国际国内大型线缆专业展览会及行业活动的策划、运营及管理工作，精心打造并培育了两个品牌线缆展：中国国际线缆及线材展览会和中国国际线缆工业展览会。

2020年，新冠肺炎疫情对会展业产生剧烈影响。面对严峻的策展形势，中心展会业务"党员先锋号"推出全新的参展流程，提高展位预定效率，至2020年5月份，展位费定金到款率已达93.7%，为历年最佳。

可就在团队阵脚刚刚扎稳，6月，疫情反复，参展商各种关切和问询排山倒海地涌来。为了能够继续推进后期工作，上海电缆所所有负责行业工作的同事们与会展团队一同出谋划策，交流研判行业态势，加强行业企业的说明沟通工作。最终，展会顺利进行，也成为国内外线缆行业唯一在2020年成功举办的展会。为此，上海电缆所荣获"上海市会展行业复工复展表现突出企业"称号。

近年来，上海电缆所不断刷新国家级、市级荣誉的历史记录，"上海市五一劳动奖状"是一个新的起点，召唤全所干部职工围绕重大项目砥砺奋进，昂首迈入"十四五"，创先征求开新局。

上海外高桥第三发电有限责任公司：
初心相守，"三合"赋能

上海外高桥第三发电有限责任公司党委（以下简称"外三发电党委"），坚持走"安全领先、环保领跑、创新领航"的高质量发展之路。公司两台机组供电煤耗在业内保持领先，环保水平始终处于全市燃煤机组第一梯队领头位置，荣获国际电力大奖"全球清洁煤领导者奖"，保持全国"安康杯"竞赛优胜单位（七连冠）称号，蝉联上海市文明单位称号（连续五届）。公司曾获"上海市先进基层党组织"荣誉；"三合"党建工作法入选上海市国资委"上海国企党建品牌"；所属设备管理部热控一班、设备管理部外围班获"全国质量信得过班组"。

有一种精神，始终要追求；有一种理念，始终要坚守；有一种力量，始终鼓舞人激励人驱动人——那就是知重扛重、砥砺前行的初心。

近年来，上海外高桥第三发电有限责任公司党委坚持"合拍、合心、合力"的党建工作理念，在聚力安全保供、赋能接续创新中持续强化党建工作的底气与动能，凝聚全员升级内功，巩固"长板"，拉长"短板"，走出了一条持续向上的煤电转型之路。

合拍——定位精准，蹄疾步稳

近几年，能源结构清洁低碳化进程加快、电力市场改革步伐提速，这对煤电企业是挑战，也是机遇。外三发电党委深知，只有不断攻克难关，努力跑出比别人更快的速度，才能真正践行一流火电企业对环保、降本、增效的承诺。

"党建工作做实了也是生产力，做强了就是竞争力。"外三发电党委书记、总经理施敏在一次党员座谈会上这样说，"想实现安全多发电、多发效益电、多发干净电，我们既要有'天时人事日相催'的紧迫感，也要有'人间万事出艰辛'的自信心，既要敢于'无中生有'，更要善于从'有'到'优'。"

在党委的主导下，"班组安全提升年行动""责任为先、先锋先行""攻坚做表率、有为当先锋"等一系列党建主题实践活动压茬推进，"火储联合运行""8号炉引增合一改造"等五个跨支部党员示范项目、二十余个支部党建项目相继设立，以直面问题、攻坚克难、团结协作生动诠释了外三发电全体党员的志不求易、事不避难。

攻坚不停歇，破茧终成蝶。公司获评"国家煤电节能减排示范基地"、国际电力大奖"全球清洁煤领导者奖"。"十三五"期间，

公司不仅签下了本市电改后市场化交易的第一单，而且实现发电量483.28 亿千瓦时、净利润 16.1 亿元。

合心——同心同行，行稳致远

"8 号机组并网成功！"随着一阵欢呼，外三发电集控室内的七位年轻值班员内心成就感满满。在此次机组检修后的启动工作中，这支平均年龄 32 岁的"1+1 定制化培训"启动小分队首次全程参与启动策划、保护讨论、定值修改、方案制定、操作卡编写等工作。此前，他们刚刚结束了为期一年的定制化岗位培训，带着温故而知新的学习成果投入此次实战练兵，完美配合了各专业的启动准备，为机组提前两天并网作出了不小的贡献。

这一以"培养骨干＋带教新人"为目标的"1+1 定制化"学习模

式正是外三发电党委一线问所需、一线解所忧中的众多选题之一。除此之外，外三发电党委还在"六微"培训、"小微岗位""设备检修现场学习周""热控专业知识培训周"等人才培养平台上深耕细作，让员工在更宽的赛道上练手练脑、成长成才、出新出彩。

目前，外三发电共有四个市级、三个区级首席技师工作室、一个区级技能大师工作室、一个申能集团巾帼创新工作室，实现专业全覆盖。一系列人才培养和竞赛比武扎实开展，涌现出二个全国质量信得过班组、二名全国电力行业设备管理先进工作者、一名上海市节能先进个人、一名申能工匠等先进典型。"深耕强技、传承引领、攻关克难、创新创效"的人才培养理念愈发深入人心。

合力——迎难而上，共克时艰

"疫情当前，更需要我们电力人当好能源保供的主心骨，成为点亮希望的助力者。"这句话来自 2020 年春节后复工前，外三发电党委写给全体党员的一封信。在这封鼓劲、加油的信里，外三发电党委还向党员发出了三点倡议：让初心使命成为标配，让责任意识和防控意识始终在线，让平安健康成为新一年的关键词。

疫情就是命令，党旗就是方向。收到倡议的外三发电党员们全力以赴。防控工作启动时，恰逢春节临近，不少人即将开启假期模式。党员们一方面响应号召，主动取消外出计划或缩短行程，另一方面更是把自身战斗力调整到"满格"状态，带头加强值守，做到机组安全保障 24 小时在线、做到抗击疫情 24 小时在线；关心隔离人员，了解思想波动，及时谈话疏导；主动辨识防疫风险点和薄弱点，同时在厂区内为部分春节留沪关联单位人员辟出临时住所，既做到严格管控，

也通过人性化的管理，为抗击疫情、共克时艰积蓄正能量，实现全年"零疫情""零非停"。

让党建工作走在实处，当好支点，以"党员带全员"的路径举措，合力扛起企业的未来，是外三发电党委坚持始终的初心与使命。下一步，外三发电党委将在以往党建工作存量的基础上再发挥、再发展，不断追求"好上加好"，不断打磨精益求精，为在更高起点上走在前列、勇立潮头注智赋能。

上海石洞口煤气制气有限公司：
文明创建护航企业安全

上海石洞口煤气制气有限公司系申能集团直属企业上海久联集团有限公司所属的全资子公司，位于宝山区石洞口西侧、长江口南岸。曾获第十九届、第二十届上海市文明单位。

上海石洞口煤气制气有限公司具有成品油仓储经营、危险化学品经营以及港口经营资质，持有危险化学品从业单位安全生产标准化二级企业、交通运输企业安全生产标准化达标二级企业以及环境、职业健康安全管理体系认证证书，系上海市五星级诚信创建企业，连续获得上海市第十九届、第二十届文明单位称号。在公司发展中，以责为重，以德为先，文明创建护航企业安全，正在成为一个显著特色。

坚持打实思想根基，营造企业发展良好氛围

公司党委以十九大精神为指引，扎实开展"不忘初心、牢记使命"主题教育、"四史"学习教育，扎实推进党史学习教育，增强"四个意识"，坚定"四个自信"，做到"两个维护"。聚焦企业的发展定位和工作目标，充分发挥党委的领导核心和政治核心作用，压实党建责任，抓实工作载体，夯实基层基础，以党建新成效引领企业新发展，深入开展创先争优主题活动，为全面完成各项目标任务提供坚强的思想、政治和组织保障。加强文明创建，为企业持续发展构建良好的企业环境。健全完善文明建设领导机构和工作制度，落实和细化公司创建计划，实行精神文明创建的动态管理。进一步深化班子思想建设和作风建设，增强引领科学发展、促进企业和谐的实际能力。

坚持疫情防控常态化，筑牢防线毫不放松

2020年新春伊始，新冠肺炎疫情肆虐，公司迅速反应，主动出击，第一时间成立了疫情防控工作小组，认真贯彻落实上级有关疫情防控的各项工作要求，制定了切实可行的疫情管控措施。公司的党员干部、一线职工在疫情期间坚守岗位、恪尽职守，及时沟通协调、全力服务

客户，确保了生产运营安全平稳。在疫情防控关键时期，公司切实做到"安全管控到位"——加强外来人员、车辆管理，实施体温检测、车辆排查等措施；码头操作严格实施全封闭、无接触流程管理。在疫情常态化管理中，持续做好定期杀菌消毒、人员离沪报备、防疫物资储备等防控措施，随时准备应对突发状况，切实保障公司员工生命安全和身体健康。持续做好防疫抗疫宣传和各类防疫工作，积极在职工中宣传接种疫苗的重要性，对疫苗接种人数进行登记和上报。

坚持安全发展理念，培育职业技能"生根开花"

公司是重大危险源、防火重点企业、市治安反恐重点单位，安全是企业发展的前提，因而锻造一支"安全生产责任意识强、岗位操作技能过硬"的职工队伍，是职工素质工程建设的重要任务。近年来，公司以开展"安康杯"劳动保护竞赛活动为平台，围绕企业管理、仓储经营、油品贸易等中心工作，以提高效率、提升质量、优化服务、创新技术和安全生产为要求，开展形式多样的岗位练兵、技术比武，围绕企业管理、仓储经营、对外服务、员工素质，开展码头操作、消防技术、中控操作技能、安保防恐技能、女职工技能比武活动，形成了"比、学、赶、超"的良好学习氛围。

坚持诚信经营理念，凸显"石洞口油库"品牌优势

公司一贯坚持并加强诚信建设，注重企业的社会形象建设，公司诚信建设和实际效应居同行业前列，荣获了上海市企业诚信创建活动组委会、上海港口协会联合颁发的"上海市五星级诚信创建企业"称号。以"五星引领，驱动企业发展新引擎"的工团主题实践活动为依托，

从"五星"诚创引领驱动、窗口服务"四创"承诺、业务拓展增量提质、客户维护需求导向、区域规模品牌油库五个方面入手，进一步深化部室职工安全文化建设，提升服务客户意识，强化企业经济效益，创建品牌油库。目前，公司仓储安全可靠、诚实守信、服务优质的精神风貌和品牌形象在行业内已经显现。

坚持弘扬文明风尚，开展精神文明优秀事例评选

根据申能集团文明单位评审标准及创建文明工作要求，结合企业实际，推进创建文明工作机制进一步完善，修订了《公司创建文明工作考评办法》，每年年初开展文明部门创建考评工作。在文明创建基础工作上推陈出新，深入持续开展年度精神文明优秀事例推荐评选。由公司职工做有心人，发掘身边人、身边事，弘扬传递"真、善、美"，根据各部门、班组推荐上报的精神文明事例，公司文明委对评选出的优秀事例进行嘉奖，并在职工中及时做好宣传报道：运行部党员马龙热心公益，在被社区居民选为业委会主任后，利用业余时间积极配合

居委、物业工作；运行部青年职工王晓磊积极投身上级集团和公司各项活动；管理部门党员陈美丽在公司、集团各项活动中多次参与照片拍摄，积极参与"魅力中国"全国摄影大展（人物组），荣获优秀奖等。公司通过树典型、学先进的一系列活动，营造向善向好的企业风气。

坚持爱心传递，暖心助学十五载

2006 年 7 月，原公司储运部职工唐红燕因肠癌去世，留下同样身患重病的丈夫以及年幼的女儿。为了帮助孩子健康成长，帮助这个家庭走出困境，从 2006 年 7 月开始，一共 123 个月，石煤党员薪火相传，共缴纳"特殊党费"24600 元，完成了"资助佳薇到十八周岁成人"这份郑重承诺。2017 年，管理部门工团组织以申能集团"申飞扬，能无限"车间工团主题实践活动的开展为契机，接过爱心接力棒，公司工会又专门成立了"圆梦基金"，继续资助佳薇完成大学学业，共计资助 23500 元，佳薇已在 2021 年 7 月踏上了心仪的工作岗位。这桩体现"互助关爱、真情永续"的爱心故事也在集团系统中传为佳话。

上海石洞口煤气制气有限公司迄今已成立近三十年。在申能集团着力推进能源贸易板块形成和发展的大背景下，从上海燃气集团有限公司划归上海久联集团有限公司。在企业改革发展的进程中，从城市煤气的生产型企业转型到仓储经营的服务型企业，经历了前所未有的考验和阵痛。公司始终坚持党的领导，统一思想、真抓实干、稳中求进，深耕安全环保稳定运营，聚力仓储主业提升效益，拓展服务外延助力发展，坚决防控安全环保重大风险，切实增强企业的核心竞争力，为石煤的可持续发展奠定坚实的基础。

第二章

创新赋能

黄崇祺：与中国电缆工业发展
同脉搏的人

黄崇祺，中国工程院院士，金属导体专家。1957年8月毕业于东北工学院（现东北大学），同年8月进入国家机械工业部上海电缆研究所工作。主要从事电工用铜、铝及其合金、双金属和再生铜压力加工制品的研究、开发和应用，发表主要论文90余篇，出版著作7部。

黄崇祺从事电工导电材料及输电导线的研究、开发和应用半个多世纪，为实现技术创新，提高我国电工铝导体导电率，开创铝包钢线、超高压扩径架空导线的研究和生产做出了不凡的业绩，是我国电缆行业至今为止唯一当选的中国工程院院士。

热血青年投身建设新中国

黄崇祺，1934 年出生在常熟梅李，青少年时期在常熟接受了基础教育，初中部和高中一年级的学生时代在常熟中山中学读书，高中二年级开始转学到现在的江苏省常熟中学继续求学。

1953 年，黄崇祺高中毕业，正赶上建设新中国的沸腾岁月，许多热血青年纷纷志愿投身国家重大项目建设，把考取重工业学科作为自己的理想，黄崇祺就是其中一位。当时国家刚刚解放，百废待兴，国家要建设，特别强调国家要发展重工业，而发展重工业，东北是一块建设的热土。高中毕业的黄崇祺怀着一腔报国热情，凭借优秀的高考成绩，以第一志愿进了当时国内非常著名的东北工学院的冶金系。他的目标非常明确，就是进大学，当工程师。

大学毕业后，黄崇祺开始从事有色金属及其合金压力加工的研究。1957 年，我国刚刚开始第一个五年计划，大学毕业的他志愿是科研设计，进了上海电缆研究所。一个原因是他愿意回到南方来，另一个原因是电缆所刚刚创建，他是电缆所里来的第一批大学生。

一切从零开始，对他是一个很大的锻炼。在电缆所工作的 63 年中，从小项目到大项目，黄崇祺带领科研团队成功地实现了技术创新。我国第一条 330kV 超高压架空输电线路迫切需要开发一种强度高、导电好的大跨越导线。黄崇祺和他的科研团队利用铝的导电性好、钢的强

度高的特点，把两者结合起来，做成了里面是钢芯，外面包裹着铝的导线，即铝包钢线。由圆铝线一次成型压接法生产的铝包钢线已应用于我国 17 条跨越江河的输电线路，南京燕子矶有条 2200m 的跨江线，使用的就是铝包钢线。

40 多年过去了，这些铝包钢线依然默默屹立在风雨中，忠实地在 220kV 的输电线路上执行着输电任务。

在电工铝导体和稀土电工铝导体的研究、开发和应用中，从 1978 年到 1990 年，黄崇祺和他的研究团队经历了两个阶段，实现了质的飞跃。第一阶段是解决了我国的电工铝导体质量不好的问题，并研制

出了电工铝导体，这就是提高国产铝导体性能研制电工用铝的研究。第二阶段的工作是在第一阶段工作的基础上解决一个量大面广的问题，因为在工业上，仅达到电工铝的要求，没有量是不行的。要达到量大，材料怎么来？工艺方法可能也要改变，而且还要达到工业化的稳定生产。在第二阶段，团队解决了国产的、稳定的材料来源，找到了适合工业化大生产的方法，并利用这个方法实现了稳定的大生产。由此，我国独树一帜地实现了自主创新。

黄崇祺说，搞科研也要追求中国特色，要根据中国的国情，因地制宜。比如，我国铝矿里面硅的含量高，不利于电工铝导体的导电性能；而我国稀土资源特别丰富，是全世界最多的，怎么把稀土用到电工铝导体中来，解决因硅高使电工铝导体导电性能不好的问题，这就是需要解决的突破点。黄崇祺的研究团队所创造的技术叫作稀土优化综合处理技术，至今依然是全国的一个主导技术，这也是黄崇祺最得意的作品。

科学的春天

1968 年至 1978 年，黄崇祺搞了两个科研项目，一个就是铝包钢线的开发；另一个是中国第一座水电站——刘家峡水电站到关中 330kV 超高压架空线路用的扩径导线。之所以要用扩径导线，目的是要在超高压输电时减少导线的电晕损耗。

1978 年 3 月，全国科学大会在北京举行。这是中国科学工作者的盛会，也是拨乱反正的重要突破口。邓小平在会上作了重要讲话，指出了中国科学事业的发展方向。大会闭幕时，中国科学院院长郭沫若发表了书面讲话《科学的春天》，肯定了知识分子的作用，科学重新

得到重视，黄崇祺凭借"铝包钢线研究及生产线"和"330kV超高压扩径架空导线研究"，在这次盛会上获得了两项大奖。

之后，黄崇祺还在"提高国产铝导体性能研制电工用铝"和"稀土优化综合处理在电工铝导体中的应用"研究中分别获得部级科技进步一等奖两次，国家级科技进步二等奖两次和上海科技博览会金奖一次；高速铁路用超细晶强化型铜镁合金接触线、导电用稀土铝导线和高导电电工铝等省部级科技进步一等奖三项。

可敬的"镇所之宝"

1997年11月，黄崇祺当选为中国工程院院士，主要从事电工用铜、铝及其合金、双金属和再生铜压力加工制品的研究、开发和应用。涉及架空导线及其试验、电气化铁路用接触导线、电工用铝导体及其稀土优化综合处理技术、电工用铜合金和铝合金导体、双金属导线、铝连续挤压、超导电缆、废杂铜直接再生制杆和高性能合金电子材料等。其发表主要论文90余篇，出版著作《线模制造》《电缆金属文集》《金

属导体及其应用》《金属导体文集》《中国电气工程大典——第3卷第3篇》《黄崇祺文集》《铜铝导体的先进制造》共7部。著书是开山辟路、雪域留痕，让后生晚辈们少走弯路，加快科技攻坚的过程。

虽然功成名就，黄崇祺院士却始终虚怀若谷。在获得中国工程院院士称号时，他曾讲述过一段发自肺腑的自白："如果有人说此事是一举成名，倒不如说是水到渠成更为合适。小渠是要大家挖的，滴水汇成河，挖小河更需要众志成城。如果没有众人拾柴，哪来烈火更旺。个人如果没有集体的支持和合作，哪能出成果、出人才？"

他的谦逊不仅仅在于自身强烈的团队意识，还在于他在漫长的科研生涯中埋头实干、不慕虚荣，以最朴实无华的信念执着追求科研道路上的艰难目标，黄崇祺教授曾自我剖析："我并不聪明，更无天才，只能笨鸟先飞，在科技战线上做一名辛勤的耕耘者。"

如今，黄崇祺已近鲐背之年，仍延续着融入自身血液的兢兢业业和一丝不苟的工作习惯，辛勤地耕耘在科技战线上。

在与青年科技人员谈心时，黄崇祺曾提到自己的几点体悟：一是认真，工作必须踏踏实实，认真负责，认真了，就敢负责任，就会设法去做好它。二是敢当，研究工作中遇到困难和挫折，要敢于面对，年轻人要有冲劲，要敢当，研究工作千万不能四平八稳了才敢干，要有创新精神。三是勤劳，一分劳动，一分报酬，勤和懒水火不容。四是实践，特别是做工业应用研究和设计的同志必须到第一线去，到工厂去，搞清楚基本的东西。这几点道理，既是黄院士对青年科技人员的希冀，亦是自身的独白：认真、敢当、勤劳、实践，将简单的道理融入科研和职业实践，用漫长岁月的力量令其发酵、不断作用，最终达成有益于行业、有益于国家的质变。

冯伟忠：以创新驱动煤电技术高效、
　　　　清洁和低碳发展

冯伟忠，现任上海申能电力科技有限公司总经理，淮北申能发电有限公司董事长，上海外高桥第三发电有限公司副董事长。他长期从事火电厂技术工作，在火电能效和节能环保技术领域不断探索，使机组综合性能达到世界领先水平，创造了中国乃至世界煤电的多项纪录。曾获全国五一劳动奖章。2011年，获上海领军人才、上海市市长质量奖、第六届上海市发明创造专利奖、2011年度苏浙皖赣沪地区质量工作先进个人。2016年6月，获 ASME（美国机械工程师协会）最高奖"最佳创新者"奖（年度唯一），是该奖自1954年设立以来获此殊荣的唯一中国人。

攻坚克难，以开拓精神带领团队取得一个个技术突破

    冯伟忠从 16 岁进入崇明电厂当学徒工开始，在燃煤电厂一干就是 50 年。50 年来，冯伟忠着眼燃煤电厂面临的各种问题，怀揣"节能高效、清洁低碳"发展的使命，潜心研究，带领团队取得了一个又一个技术突破，创造了许多国内和国际领先技术。学习于他而言早已成为一种习惯，对自身的高要求下，先后取得了专利授权 73 项，在国内外发表论文 50 余篇，其中 EI 收录 7 篇、SCI 收录 1 篇，曾 11 次应邀赴欧、日、澳、美等国家及地区作学术报告，把煤电行业的高质量发展带上了一个新的高度。

    在外三电厂建设期间及投产后，冯伟忠潜心钻研，一股脑扎进科研中去，领衔开展了二十多项重大科技创新研究。机组建设期间，发明新型启动系列技术、前置小旁路及控制技术、带旁路高动量冲洗技术等，解决了"蒸汽侧氧化及固体颗粒侵蚀"等世界性难题；研发出弹性簇状接触式密封技术，解决空预器漏风难题；研发出节能型抽汽调频技术，消除汽轮机进汽节流损失；机组综合设计优化，包括国内首台百万机配单汽动给水泵、无电泵等，综合年节标煤 7.9 万吨，机组投产当年便以 287 克／千瓦时的平均运行供电煤耗创世界纪录；2014 年，外三电厂锅炉烟气排放在国际上率先达到燃气轮机标准，被国家能源局授予我国唯一的"国家煤电节能减排示范基地"称号；其"百万千瓦超超临界机组系统优化与节能减排关键技术"获 2011 年国家科技进步二等奖。

机组投产后，冯伟忠愈战愈勇，不久他又领衔开发出烟水换热器水温自动控制防结露技术，实现常规钢材回收烟气余热，年节煤 3 万余吨；发明可调式给水回热技术，在节能的同时解决 SCR 低负荷退运难题；研究出进风和送粉回热技术，在节能的同时，解决了因硫酸氢铵结炉导致粘灰堵塞等难题，提高锅炉燃烧效率并降低了 NO_2 排放；研发出热风预热启动等催化剂延寿技术，在运行时间长达设计寿命 4 倍余的情况下，继续保持 90% 的脱硝效率，单炉年省更换费 1000 余万元；研发出基于中温省煤器的低温电除尘技术，在降低厂用电及煤耗的同时实现粉尘超低排放；发明基于小型变速汽轮发电机的集中式变频电源系列技术，大幅节约辅机用电。

冯伟忠主持研发并改造成功我国首台 55MW 双轴汽轮发电机组，独立完成双轴机超速控制和启动及同步的建模仿真与课题研究；发明高低位分轴布置技术并领衔了工程化课题研究，其核心是将重量相对较轻、体积较小的双轴汽轮发电机组的高温高压轴系移至数十米高的锅炉出口联箱处，并用短管直接连接，从而大幅降低管道阻力和散热损失，提升机组效率，解决了火电机组进一步高效化的瓶颈问题。不仅如此，此项技术更使得昂贵的高温高压管道的使用量大幅降低，不

但显著提升二次再热机组的性价比，也为下一代蒸汽温度达 700℃ 的高效超临界技术提供了解决方案。西门子评价"本技术能大大提高火力发电机组的净效率，是改革高污染发电行业成为低排放绿色产业的唯一机遇，是引领世界煤电继续发展的技术"。

披荆斩棘，以崇高使命
为煤电节能清洁低碳技术运用贡献智慧力量

现如今，为了进一步推广运用系列煤电高效清洁低碳技术，冯伟忠又以推动煤电事业高质量发展的强烈使命感，带领技术团队为煤电行业的高效、低碳、绿色发展做出艰苦努力，贡献智慧和力量。

2015 年与华润电力合作，冯伟忠在创新的道路上再攀高峰，将其基于外三技术创造的五缸六排汽轮机、超低背压、机炉热力深度耦合、综合辅机集中变频节能、低负荷高效运行、汽轮机保效、锅炉快速启动等一系列创新成果全部运用于其华润唐山曹妃甸二期工程 2×1050MW 一次再热超超临界机组项目。该工程的首台机组于 2019 年 5 月建成投产，性能试验表明，额定工况下机组的供电煤耗低达 262.8 克 / 千瓦时，优于其设计效率，超越了外三电厂，也明显优于百万千瓦级常规二次再热机组，成为了平山电厂二期 1350MW 机组投产前世界燃煤发电机组新的标杆。

在运用了冯伟忠发明的"高温亚临界技术"改造的徐州华润电厂 3 号机组，于 2019 年 8 月投产，迄今运行良好。性能试验结果显示额定工况下的供电煤耗降至 282g/kWh，超过了国际上超超临界机组的先进水平；与此同时，机组实现了 19% 负荷下连续安全、稳定、环保运行，提前实现了国家科技部及能源局拟在 2030 年实现的深度调峰目标。

　　国家示范工程安徽淮北平山电厂二期 1350MW 二次再热超超临界机组，应用冯伟忠发明的"高低位分轴布置技术"及一系列配套创新技术后，设计供电煤耗低达 251 克／千瓦。在如此超前的技术加持下，该机组在调试期间就已实现了 19% 深度调峰运行，并在世界上首次实现了锅炉在如此低的负荷下的干态运行，显著提高了机组在深度调峰运行方式下的安全性和经济性。

　　50 年来，冯伟忠从一个只有初中文凭的学徒，成长为国际火电技术的领军人物。靠自学，他完成了高中、大学学业，又攻读起研究生课程。虽然身处管理岗位，但他还是抓紧着分分秒秒，不断跟踪国内外火力发电技术的发展动态，为自己下一步的技术研究作积累。他的乐此不疲、恪尽职守，让他在 2012 年获得了全国五一劳动奖章，同时也为火力发电创造了无限可能。他用自身的光芒点亮了无数座城市，从上海领军人才到苏浙皖赣沪地区质量工作先进个人，这些年取得的成就、面临的机遇固然可喜，却也让他深感肩上的责任更重了。

　　"为了天更蓝，水更绿，生态环境更美好，我们还要研发更多的节能环保的创新技术，根据公司的使用一批、储存一批、研发一批的研发战略，240 系列和 230 系列已在筹划之中。"冯伟忠总是走在行业的前端，他是电力行业的开拓者也是带路人。他领衔研发的煤电机组系列创新技术，为全国煤电行业的技术创新和推广起到了巨大的引领作用，也将一如既往带领团队继续持之以恒，以高度的社会责任感和历史使命感，披荆斩棘，全力推广高效清洁低碳新技术，为"3060 双碳目标"的实现贡献智慧和力量。

宗曦华：城市建设低碳发展的助力者

宗曦华，现任上海电缆研究所副总工程师，上海国际超导科技有限公司总经理，国务院特殊津贴专家。在近二十年的工作历程中，宗曦华先后组织开展并完成了"第二代高温超导带材及CD绝缘高温超导电缆系统""百米级CD绝缘高温超导电缆国产化制造及工程应用技术研究""CD绝缘高温超导电缆系统及电力应用示范工程设计研究""35kV高温超导电缆系统工程应用与示范研究""高温超导电缆及附件电力应用产业化研究"等多项上海市科技攻关项目和重大项目。

一

初见宗曦华，是在上海电缆研究所的超导工艺车间里，他正猫着腰，一边盯着控制屏幕上跳动的数据，一边做着记录，神情平静而专注。"我来自江苏泰州一个叫宗林的小地方。"从小品学兼优的他一直是村里的骄傲，1994 年宗曦华从东北大学应用物理系毕业后，被分配回老家的一家大型国有企业上班。

尽管工作安稳体面，村子里人人羡慕，但宗曦华不甘心就此平凡，"记得香港九七回归，当时看着电视里五星红旗在金紫荆广场上升起，对我触动非常大，感觉祖国真的强大了，作为炎黄子孙，我骄傲。同时，我也希望通过继续深造，实现自己更远大的理想与抱负，这种激动的心情使我夜不能寐。"从那以后，他开始一边上班，一边求学。七年后，宗曦华交出了一份漂亮的博士毕业论文，他运用半熔融法制备出的感应屏蔽型电流限制器核心部件——BSCCO 超导圆环，相关的技术参数达到了当时国内的最高水平，他的才华也早早地被立志于在超导电缆产业化应用上有所建树的上海电缆研究所相中，一毕业就应邀进入这家被誉为我国线缆行业的龙头院所参加工作。那是 2005 年，三十而立的宗曦华真正意义上走出了生他养他的小村庄，迈进了充满生机和活力的大上海。

"据电力系统统计，2020 年，上海电网最高用电负荷达到 3312 万千瓦，同比增长 5.73%，创下历史新高；2020 年年用电量达到 1576 亿千瓦时，同比增长 0.47%。如果不尽早思考与规划在上海这座特大型城市构建以超导电缆为代表的智能电网体系，可能今后上海的发展是想跑也跑不快的。"宗曦华形象地说出了超导电缆对上海未来城市

建设的意义。

诚如他所言，上海是一座拥有建城 700 多年历史的古城，但也是一个近代才迅速崛起的工业化大都市。大规模的高速建设也带来了很多城市发展中的新问题，如能源资源短缺、环境承载力限制、城市公共安全的严峻挑战等问题都逐渐暴露了出来。其中，上海每年用电负荷屡屡刷新纪录、企事业单位在用电高峰时实行错峰用电就是一个缩影。

"和常规相同规格的电缆相比，超导电缆具有体积小、重量轻、损耗低、传输容量大、绿色环保等优点，"宗曦华谈到超导电缆的优势时如数家珍，"如果得到广泛应用，实现对现有地下电缆系统的全面改造，将在解决城市日益拥挤的地下输电线路走廊空间的同时，降低电力系统的损耗，大幅提高电力系统的总效率，实现大容量输电，那将是解决像上海这样一类特大型城市用电密度高、建设用地紧张的最佳输电方案，其带来的经济效益和社会效益是不言而喻的，那将是一场产业革命。"

二

宗曦华在启动超导项目的同时，也在努力搭建他的项目团队。两三年的时间里，在他的身边多了几个年轻的身影，他们每个人都经过宗曦华精挑细选，每个人都各有专长：

张喜泽，高级工程师，2003 年从东北大学理学院毕业，进入团队那年他 25 岁，现在专门从事超导电缆全寿命可靠性研究；

韩云武，高级工程师，2006 年从东北大学理学院毕业，进入团队那年他 23 岁，现在专攻超导电缆系统设计与测试工作；

　　张大义，高级工程师，2007 年东北大学信息工程学院毕业，进入团队那年他 27 岁，现在主要负责超导电缆系统的自控系统设计与维护工作。

　　……

　　宗曦华对他们像家人一样了解、关心，而他们也都视宗曦华为自己的兄长，亲切地把他叫作"宗博"。在"张喜泽们"和很多熟悉宗曦华的人的眼里，"宗博"并不像一个纯粹的博士，当个子不高的他穿着工装窝在工人堆里的时候，可能你都找不到他。"我刚来的时候，对带材的焊接都不会，是宗博手把手地教会我的，我当时在想，那哪像一个专门做学问的博士？活脱脱一个电焊工。"其中一个人回忆最初和宗曦华接触时说。

　　2010 年，是超导项目团队难忘的一年，经过长期的基础性研究和关键技术攻关，一套电压 35kV、电流 2000A 的 30 米超导电缆系统在所里中压大厅成功搭建并顺利通过了超导电缆的型式试验，这在国内尚属首次。在接下来针对超导电缆系统可靠性进行挂网运行试验的日

子里，尽管依托电缆所的综合技术力量搭建了配套的监控系统硬件平台，然而美日等超导技术发达国家设置的技术壁垒，仍然让这套超导电缆系统在运行时可能发生的问题存在太多未知。为了防止意外发生，同时做好对电压、电流、温度、压力、液氮流量，以及真空度等参数的采集，项目组六个人由宗曦华带头，实行从早八点到次日早八点24小时不间断地轮流值守，就是在那段艰苦的岁月里，项目组掌握了超导电缆系统试运行的第一手数据资料，并对系统出现的一系列问题进行了有效解决。他们用汗水一点点攻破国外技术壁垒的同时，"衣带渐宽终不悔，为伊消得人憔悴"也成为六人组当时最真实的写照。

三

十五年执着的坚守，十五年辛勤的付出，在市委、市政府的关心下，在所党政班子的全力支持下，宗曦华和他的团队用努力换来了丰硕的成果：成功实现了 35kV 高温超导电缆系统的挂网示范运行（地点为宝山钢铁股份有限公司），使我国成为继美国、韩国之后，世界上第三个成功建设基于第二代高温超导带材的 CD 绝缘超导电缆示范工程的国家；掌握了具有自主知识产权的高温超导电缆系统完整的设计和制备技术，并通过了中国电力企业联合会组织的产品鉴定，鉴定委员会认为该超导电缆系统应用为国内首创，运行载流量和最大瞬时负荷电流达到国际领先水平。由上海电缆研究所牵头，与上海国际超导科技有限公司、上海交大（上海超导科技股份有限公司）、上海大学（上海上创超导科技有限公司）、国网上海市电力公司、上海电力设计研究院、宝钢股份、上海三原电缆附件有限公司等单位共同组成了上海超导产业战略联盟，作为联盟理事长，宗曦华与这批知名产学研机构

专家共同协作，努力推进超导材料、超导故障电流限制器、超导储能、MRI（核磁共振）、超导发电机和超导电动机等超导应用技术方面的研究，使上海超导产业发展取得了长足进步。目前，他和他的团队正在致力于上海市重大项目"国产化公里级超导电缆示范工程"的建设，作为世界上最长的超导电缆，它将连接徐汇区的两座变电站，这也是全球范围内首次在超大城市的腹地引入超导电缆，所承载的电流也将会是世界第一。

宗曦华和他的团队为了超导事业奉献了他们一生中最好的年华，然而他们的青春没有虚度，而是在拼搏中得到升华。超导电缆作为电缆行业的第三代革命性产品，历经了电缆所三代人的心血，他们用行动践行着初心，用汗水书写着奇迹，用执着诠释科研的真谛，用激情打响了一场场青春的战役。未来，随着材料、装备的发展，他们将努力"解锁"更多高温超导的应用，不断打造中国超导产业的高地。对宗曦华来说，二十年磨一剑，现在是剑锋淬炼出鞘的时候了，超导电缆终将成为这座城市跨越式发展中的一颗强韧心脏！

赵　维：开拓进取，闯出青海新能源
高质量发展之路

赵维，现任申能股份下属申能新能源（青海）公司（简称"青海新能源公司"）党支部书记、总经理，2021年上海市五一劳动奖章获得者。在青海新能源公司的发展之路中，他始终怀揣着梦想和追求，凭借着执着与热爱不断从零打磨、开拓进取，书写着新时代的"创业史"。

"对人来说，最大的欢乐、最大的幸福是把自己的精神力量奉献给他人。"如果把这作为衡量幸福指数的标准，那赵维应该是青海新能源公司里最幸福的人。

2017年12月7日，在申能股份大力发展新能源、调整电力结构、布局新兴能源、培育产业新优势的战略背景下，赵维被任命为临时小组长，带着五人小组踏上前往青藏高原的征程，为申能在西部的新能源布局开疆拓土。

一切都要靠自己，一切都要从零开始。

踏实创业埋头干

来到西宁后，赵维立刻投入工作。白天，他带着同伴四处奔走、联系拜访；晚上，他组织开会，总结梳理工作进展。公司领导、部门负责人、项目开发经理、合同谈判人员、技经测算人员……他是"领头人"，也是"老大哥"，更是"好老师"。在他身先士卒的带领下，团队小伙伴们的工作激情全都被调动起来，凭着一股不服输的干劲，2018年，仅有十多个人的青海新能源公司实现了成立当年即完成权益装机19.95万千瓦、在建20万千瓦、净利润2300万元的行业佳绩。

飞行记录见证了赵维的辛勤。三年多来，他飞行400多次，足迹遍布全国各地，是名副其实的"空中飞人"。他在上海的家成了他回申能股份开会出差时的"旅店"，每月一次的驻外轮休假他几乎从来没休过，有时忙得连饭都顾不上吃。有合作方幽默地给他取了个绰号"拼命三郎"，他也只是淡然一笑，随即投入更辛劳的工作之中。他心中只有一个目标：久久为功，打好青海新能源的基础，利长远、增后劲，为申能西部新能源战略布局的落实贡献自己的力量。

2019 年 5 月底，已咳嗽多日的赵维从西宁赶回上海，与合作方商谈合同。当晚十点多会议结束后，他被守候在公司门口的妻子强拉着到医院检查，发现已是肺炎，医生强烈要求他留下来输液两周。但两天后就是格尔木风电项目的计划投运日，他放心不下项目，于是就"任性"地在检查报告单上写下"自负全责"的承诺，转天上午就登上飞往西宁的飞机。这一次的"任性"，让他留下了到现在都未治愈的肺气肿。

"功成不必在我。青海新能源公司发展壮大，完全是大家伙一起撸起袖子加油干出来的。"赵维说，他只是做了自己应该做的。

锐意开拓谋共赢

在执着创业精神引领下，面对困难考验，赵维总是勇挑重任，用自己的实际行动和克己奉公的奉献精神为公司排忧解难，为申能新能源发展注入了不竭的动力。

为能切实掌握项目信息、为投资决策提供准确分析，他经常带领项目开发人员多渠道深层次挖掘意向项目的隐性信息，围绕收购关键边界条件进行反复测算，精益求精、日积月累，很快形成了一套能够精确分析、快速决策的项目评估测算模式，为股份公司建立项目收购评估标准模型提供了有力支持，并在业内树立了响应迅速、反馈及时的良好口碑，吸引了越来越多的项目资源方主动与公司接洽商谈合作，为公司的快速发展奠定了良好基础。

在与项目资源方协商讨论合作模式、项目价格、合同条款等重要事项的过程中，赵维凭借自身多年积累的丰富工作经验，以专业娴熟的工程、技经、财务、法律、合同理论知识和平等务实、设身处地为

合作方利益考虑的共赢思路，博得了众多项目资源方对申能企业品牌的认可。面对纷繁复杂的项目市场，他敢闯敢试，不断创新，及时规避化解项目推进过程中出现的各种难题，充分保障了企业利益，同时还形成了青海新能源公司灵活多变、决策高效的投资合作风格，打造了独特的新能源项目开发"青海模式"。伴随着公司快速发展，赵维积极探索建立项目开发标准化体系，形成了一整套体系化、标准化的项目评价和开发管理办法，全面提升了市场拓展效率。

现在，赵维依旧保持着那股干劲和精神气，专注聚焦于提升公司管理水准和带领全体员工激情创业。国家"双碳"目标为申能新能源事业勾画出了宏伟蓝图，赵维还将乘势而上，矢志不渝为申能的新能源事业不懈奋斗。

严艺敏：勇立潮头敢为先，
##　　　　与申城能源发展同频共振

严艺敏，现任上海液化天然气公司副总经理，教授级高工。三十多年坚守、创造，严艺敏带领团队攻坚克难，收获"上海市实事立功竞赛优秀团队""上海市建设功臣"等集体和个人荣誉；发挥项目平台锻炼作用，用技术育人才，亲手带出被评为"上海市三八红旗手"的公司副总工程师、"申能科技创新明日之星"的90后生产部门经理助理。

中国共产党成立 100 周年之际，严艺敏作为上海 LNG 公司党委班子成员，为所在党支部讲述了一堂《回首百年，传承精神，见证发展坚定信念》的主题党课。他从上海燃气事业一个半世纪以来的三次跨越讲起，讲述了时代对城市燃气发展和能源结构转型的作用力。每每讲到亲身参与了改革开放后上海城市燃气高歌猛进的这一段，他总是难掩心潮澎湃和拳拳之情。

三十五年前，他从同济大学城市燃气专业毕业；弹指一瞬，他的个人职业轨迹已与上海"消灭煤球炉"、大规模普及人工煤气以及全面天然气化、液化天然气（LNG）成为主力的历史进程融为一体。三十五年间，他是乘势而上的燃气事业探索者，是顺势而为的 LNG 技术攻坚者，为城市低碳绿色发展造势而进。

乘势而上
被机遇眷顾的 LNG"播种者"

改革开放后，上海的煤炭消费量在一次能源消耗中一度超过 70%，居全国之首，成了城市污染的主要源头。告别煤球炉，势在必行。

1991 年，严艺敏等五名年轻工程师受上海煤气公司委派，前往法国燃气研修天然气技术。这是严艺敏第一次走出国门。国外的风光让他大开眼界，更令他印象深刻的，是那次在布列塔尼的蒙图瓦 LNG 接收站的参观。

当时，世界上最大的三座 12 万立方米薄膜型 LNG 储罐巍峨地站立在海岸线上，被液化成气态天然气体积 1/600 的 -162℃低温 LNG 存储其间。借由接收站和码头的接卸设施、气化设施，从海上运来的 LNG 可源源不断变成供千家万户使用的天然气。作为最早参观 LNG 接

收站的国人之一，即使是科班毕业的他，也是第一次看见 LNG，全新的领域让他顿感耳目一新，并由此结下了与 LNG 的不解之缘。

1992 年，东海平湖天然气项目正式启动，拉开上海引入天然气序幕。为解决上海首个气源的应急调峰和事故储备问题，五号沟 LNG 事故气源备用站同步酝酿。"回来后，我们去法国的五个人中，四个人直接进到天然气办公室（筹），着手开展前期工作。"严艺敏说。

1994 年，严艺敏再次前往法国。这次，他带着问题专攻 LNG 专业技术。其后，他担任五号沟事故气源备用站项目负责人，亲历了 LNG 技术首次在国内项目落地实施、国内首个 LNG 站建成。

五号沟 LNG 站具备天然气处理、液化，LNG 储存、气化全功能，建设中，面对 LNG 储罐选型、液化工艺选择、安全风险识别评价等一系列关键技术挑战，当时国内尚无先例且规范空白。凭着在法国、日本等 LNG 技术领先国家研修学习得到的信心底气，严艺敏和团队脚踏实地，不断填补行业空白。核心设施 2 万立方米 LNG 储罐选择了当时技术领先、安全设计等级最高的全容罐型。项目开车一次成功，为上海单一气源格局下的天然气安全保供发挥了关键作用，也为国内 LNG 行业起步播下了种子、奠定了基石。

顺势而为
量身打造"上海的"LNG 接收站

2004 年 6 月 1 日，复兴中路 1 号申能国际大厦的 16 楼大会议室，上海 LNG 项目筹建处人员各就各位，召开了第一次会议，上海 LNG 项目正式启动。

上海 LNG 项目是"十一五"国家重要能源项目和市重点工程。作

为当时国内自主管理建设的第二个进口 LNG 项目，与国内外同类项目相比，上海 LNG 项目具有一系列特点和难点，既要求极高的技术能力和可调度能力，同时也需要有效应对洋山港复杂多变的海况环境所带来的不确定性。

心怀安全保供的使命责任和能源转型的远大抱负，刚被借调到筹建处的严艺敏"二次创业"，带领团队昼夜相继、枕戈待旦，从前期设计上寻找突破，力求在技术先进可靠的基础上实现项目经济效益和社会效益的最大化。

当时，国内外接收站都使用 ORV 开架式气化器作为主气化设施，但洋山海水泥沙含量超过 ORV 适用标准 400 倍，世界上没有一家供货商能承诺 ORV 正常运行年限超过五年。如果更换，不仅昂贵，安全风险更大，影响生产保供。针对这一难点，严艺敏积极组织进行技术研讨，判断出或许可以采用丙烷 IFV 技术作为主气化工艺设施来解决这个难题。他沿着这个线索继续深入，经过充分论证，通过改进材质、调整构造和制造工艺等一系列措施来满足洋山高泥沙海水特征和气化器安全运行工艺要求，最终决策 IFV 作为主气化设施。

面对这个"另类"的设计，有些专家犹豫了。但基于前期大量扎实的基础工作，他认定这是一个适合上海项目的最优解，也使得洋山 LNG 接收站成为世界上首个采用 IFV 作为主气化器的项目，其中，单台 205t/h 的气化能力和 13.6MPa 的设计压力均为世界之最。

2009 年项目投运以来的运行实践充分验证了 IFV 的适用性。这些量身定制的 IFV 彰显本质安全，并且可靠、高效，维护保养简便；"给力"的 IFV 帮助上海平稳度过了每一个冬高峰，充分发挥了城市天然气供应主心骨的作用。

造势而进
为绿色美好生活赋能

身为教授级高工，严艺敏始终把握技术前沿趋势、保持前瞻思考，无论处在什么岗位，都把挖掘天然气应用的潜力，为城市带去更绿色、安全、高效的能源设施视作使命，主持了诸多课题研究和行业示范工程的打造。

既是研究者，更是实践者，在他身上，可以明显地感受到一种技术实用主义。2007年，《新民晚报》刊登的一则《别让每年"18亿度电"空放东海》的报道令他记忆犹新，文章直指LNG释放的冷能不该被浪费，敦促冷能的开发利用。严艺敏为此根据集团委派参加不少政府部门的专题会、写了不少情况说明。虽然他清醒地认识到，日本的冷能利用发展较快的主要原因是政府对产业链的扶持，而洋山特殊的区位因素在当时并不具备形成产业链的条件，但他坚持探索，实事求是，从一期到扩建，依托市科委课题和储罐扩建工程，因地制宜，促成了国内第一套LNG冷能发电装置项目的落地。

如今，随着"3060"双碳目标的提出、冷能利用技术的掌握以及洋山开发的推进，洋山冷能综合利用示范区的前期规划迎来了新契机。这次，严艺敏又一次站到台前，成了"造势"的那个人。他主动承担市科委课题《上海LNG冷能高效综合利用关键技术及工程化方案研究》的主力研究工作，依托正在推进的上海LNG站线扩建项目，继续探索LNG高品位冷能的高效梯级综合利用，为践行国家能源战略和实现"3060"双碳目标勇担时代重任。

第三章

初心为民

上海 LNG：守牢能源岛

上海液化天然气有限责任公司（简称"上海LNG"），承担着保障上海市天然气供应和应急调峰的重要使命。投产十一年来，公司安全生产无事故，年供应量占上海本地天然气需求量50%以上，冬季高峰时段达三分之二，已成为上海能源供应的中流砥柱。曾获第二十届上海市文明单位、上海市抗击新冠肺炎疫情先进集体、上海市国资委系统"基层党组织疫情防控、复工复产特色工作品牌"、上海市企业管理现代化创新成果三等奖。

2009年11月17日，上海LNG（液化天然气）项目一期工程正式投产，开启了上海天然气事业的新纪元。"1117，要要要气"，仿佛是上海的一声召唤，唤醒了城市燃气迭代更新的前夜，唤出了进口LNG作为主力气源的使命担当。

十二年来，上海LNG扎根洋山深水港，以保障上海城市用气为第一要务，持续稳定供能，为上海能源结构转型和经济社会发展做出重要贡献。

安全保供，不辱使命，积极践行能源发展战略

在上海市委市政府高瞻远瞩的谋划下，1999年，东海平湖油气登陆浦东，拉开了上海天然气利用的序幕。随后，西气、洋山进口LNG、川气等接连抵达，形成了上海"多元结构、海陆并举"的"6+1"气源体系。二十年许，这座不具备产气能力的城市克服先天劣势，以开放姿态汇聚多方气源，并于2015年率先实现城市燃气的全天然气化，勇当国家能源转型的排头兵、先行者。在这一历史浪潮中，上海LNG作为国内第三个建成的LNG站，承担了主心骨、顶梁柱的角色。自2009年投产至今，上海LNG累计接卸542船、共计3267万吨LNG，年供应量占上海天然气消费总量的比例长期保持在五成以上，成为上海绿色、可持续发展之路上的中流砥柱。

较管道气而言，LNG拥有方便运输、机动灵活、安全高效等优点，在能源紧张的采暖季，进口LNG调峰保供"压舱石"作用显著。2017年至2018年冬高峰期间，我国出现较大面积的供气紧张，上海不仅是少数几个不限供、不断供的城市，更在"供有余力"时通过资源串换，为外省市送上"及时雨"。2020年11月，上海LNG储罐扩建工

程及时投运，洋山 LNG 气化外输能力实现翻番，储气能力提升 80%，为上海天然气供应再添保障。在其后数次"霸王级"寒潮保供中，公司全线拉满、全时在线，扛住了史无前例的保供压力，擦亮"筑牢城市能源安全底线"的初心。正是在这一次次的"突发考验"中，上海 LNG 全力以赴，积极践行能源发展战略的同时，安全保供、不辱使命，为民生兜住了"温度"，让城市得以温暖"渡冬"。

疫情防控，复工复产，不断强化时代担当

作为承担上海市 60% 以上天然气供应的主力气源，上海 LNG 为全

年 24 小时不断供的能源保障型企业。新冠肺炎疫情发生后，企业也面临巨大的内外部挑战：只要有一例疫情发生在生产现场，将对 LNG 资源贸易和上海市天然气供应造成巨大威胁，进而影响上海这座特大型城市的安全平稳运行。

危难面前，需要当机立断的决策。2020 年 1 月 31 日，上海 LNG 果断决定实施生产现场"封闭运行"，坚决守护洋山"能源岛"，确保上海天然气平稳供应。当晚动员 160 名一线员工志愿逆行驻岛，当周连开 3 场专题会进行防控部署，详细制定 23 条"封闭运行"管理办法、规定和细则，两支党员突击队宣誓成立……公司上下迅速进入"战时紧急"状态，充分展现"上海速度"和"上海力量"。

在这场人民战"疫"中，上海 LNG 始终与人民利益在一起，与城市发展大局在一起，用长达 85 天"封闭运行"，交出一份疫情防控、安全保供和工程建设三不误的答卷。自 2020 年 2 月该防疫机制实践以来，公司生产现场未发生一例疫情、未发生一次安全生产事故。同时"对外封闭运行，对内蜂巢管理"的有力防疫举措被成功移植到公司储罐扩建工程项目建设中，确保了这一上海市重大工程项目有序复工复产。良好的管理得到上海市发改委、应急管理局等相关政府部门、委办局的肯定和推广，也为生产运行企业持续平稳运行、天然气保障和城市安全运行以及经济社会发展逐步恢复提供了安全保障和经验支持，公司先后获评"上海市国资委疫情防控、复工复产 100 个特色工作品牌""上海市抗击新冠肺炎疫情先进集体"。

筑堡垒当先锋，守牢能源岛，护住一座城

位于小洋山岛的洋山 LNG 接收站是上海最重要的能源供应站之一，

这里供应的天然气占全市天然气市场 50% 以上。在上海液化天然气有限责任公司党委的领导下，接收站以"守牢能源岛，护好一座城"为使命，守护着上海这座超大型城市的稳定运行，创造了自 2009 年 11 月投产以来，连续十年安全生产无事故的纪录。

洋山能源岛接受站结合一线生产和安全管理部门工作特点，以"推进生产操作规范化、制度化、标准化"为主题，对标日本东京燃气等世界一流接收站，认真吸收先进经验并转化为工作实践。开展制度规程修订完善、安全隐患检查、内训讲堂等活动，为提高安全管理水平、班组标准化建设和员工操作技能发挥了重要作用。近三年，共制定制度规程 52 项，开展内部培训 677 人次，带教实习 20 人。

抗击疫情期间，"守住能源岛"的号召更是谨记每个人心间。在长达 85 天的封闭运行期间，除去践行对外"封闭运行"、对内"蜂巢管控"的防疫要求，洋山能源岛接受站坚持过好组织生活、凝聚战"疫"能量。开展"把初心落在行动上，把使命担在肩膀上""岛上是我家——服务人员参观接收站生产现场"等主题活动；领导干部时刻关心封闭期间员工的心理状态，号召"党员多为群众想、白班多为夜班想、各方多为对方想"，实行党员班组帮联制，开展谈心谈话、答疑会议，举办云上 K 歌、元宵猜灯谜等活动，凝聚全体党员群众的信心和力量。

随着防控方案的不断优化调整，能源岛接收站连续三个多月坚守生产一线，用"零缺席、零违规"构筑了疫情防控的"铜墙铁壁"，创造了"零疫情、零事故"的抗疫成绩，用行动建起了坚强的红色堡垒。

此外，洋山能源岛接收站坚持凝聚合力，打造"社会责任共同体"。在"奉献、友爱、互助、进步"的志愿精神的倡导下，自 2014 年起，

洋山能源岛连续六年结对浦东新区重残寄养院开展关爱送温暖志愿服务，促进社会和谐。2019 世界 LNG 大会在上海召开，更是有多名团员青年积极参加志愿者服务队伍，热情专业地接待来自 17 个国家和地区的政府官员、企业高管的现场技术考察。

2020 年，上海 LNG 储罐扩建工程完成项目建设并进入正常的生产序列，洋山"能源岛"的安全保供能力得到了极大提升。洋山能源岛将继续切实履行国企的使命担当，彰显顶梁柱和压舱石的作用。

十二年一纪，申能集团初心不改，砥砺前行。立足新起点，申能将始终如一牢记保供使命，坚守安全底线，在新发展阶段，抓住本质安全和项目推进的两翼，依托科技创新和人才队伍建设的双轮，向国际一流 LNG 接收站的奋斗目标不断迈进，以自身发展赋能城市美好未来。

上海燃气热线 962777：
燃气热线，服务无限

962777 燃气热线呼叫中心成立于 2004 年 11 月，隶属于上海燃气有限公司，全年无休地为全市 700 余万燃气用户提供 7×24 小时的话务受理服务。经过数次扩容和升级改造，目前已拥有每日 2 万次的话务处理能力。2015 年被中华全国总工会授予"全国五一巾帼标兵岗"。2017 年被共青团中央与住房和城乡建设部授予"青年文明号"。先后被评为"上海市三八红旗集体""上海市青年五四奖章集体"，上海市建设交通系统窗口行业"优秀服务品牌"，首届中国国际进口博览会"最美服务窗口"提名窗口，并获上海市"青年文明号""工人先锋号"荣誉称号。

962777 燃气热线始终坚持实行首问责任制和闭环式管理，为客户提供"燃气报修""账务查询""业务咨询""投诉建议""燃气应急保障""液化气全配送""燃气器具营销""燃气设施维修"等与燃气有关的各类服务。近两年，燃气热线以"互联网+"为载体，不断创新燃气服务理念，利用微客服拓展燃气服务新途径，打造移动客服，推出智慧燃气微客服专席，确保燃气服务更及时、更方便、更快捷、更高效。

安全第一，服务创优

燃气行业是易燃、易爆、易中毒的行业，燃气热线肩负着全市700余万用户和1万多公里燃气管网、设施的报修受理。为此，燃气热线搭建了"三级网络"平台，实现了与12345、12319等市级服务热线的无缝对接；实现了与110、119和燃气调度中心的信息互通；实现了与三个分平台、102个直连站点的信息传递；实现了专席直接参与各类市级服务热线工单的处置，使每一条进入燃气热线的信息都能得到快速、稳妥地处置，积极为上海城市燃气安全服务供应保驾护航。

疫情期间，为了保障客户和抢修人员的安全，燃气热线在受理每一个报修工单时，都会仔细询问客户家中的情况，遇到处于隔离期的客户报修，燃气热线会在做好安全宣传的同时，第一时间通知抢修站点，让抢修人员及时做好防护措施，信息的及时传递和沟通，确保了客户和维修人员都能放心、安心。接到非报修业务的来电，燃气热线也会推荐客户尽可能使用上海燃气"微客服"公众号进行线上办理，线上缴费，给他们带去最大的便利与安全。

利用大数据，热线对客户电话呼入时间和诉求类型进行了"热力图"和"分布图"分析，结合分析结果对话务人员的班次进行了多次精细化调整。目前，燃气热线的班次已经增加到 8 个，满足了不同客户、不同时段的服务需求，提高了工作效率，减少了用户的等待时间，燃气热线已经成为一条架在上海燃气和客户之间值得信赖的、"发烫"的"热线"。

内外兼修，以人为本

打铁还需自身硬。燃气热线深知，业务能力、服务技能是提升服务水平的根本。为此，热线一方面加强职工培训工作，2020 年信息公司进行全员培训 3 次，值班长、班组长培训 2 次，月考 12 次，保证了热线服务的统一性、准确性。另一方面，热线工会也开展了"服务先进评选""热线好声音""服务礼仪之星"等评选活动，和"业务知识竞赛""百日接电大比武"等技能竞赛，确保了热线职工在个人修养、沟通技巧、业务水平、服务技能等方面的全方位提升。

面对日益增长的客户服务需求，热线职工的工作压力也在逐渐加大。为了舒缓和减轻职工的工作压力，热线工会一方面请心理咨询公司定期派心理医生对压力较大的职工进行心理指导，一方面定期开展"情暖热线"活动，组织职工参与一些手工活动和心理舒压讲座。通过这些活动职工的工作压力得到了舒缓，职工的工作积极性和主动性得到了进一步提升，今年共对 15 位职工进行了心理指导，开展了 8 次"情暖热线"活动，这些活动减轻了职工的心理压力，增加了职工的工作积极性和主动性。

勇担责任，擦亮招牌

作为燃气行业服务社会最前沿的窗口，燃气热线通过主动出击、跨前服务，确保了用户来电的快速响应和快速处置。疫情期间，在党支部的领导下，燃气热线坚决执行防控要求，立足防控大局，履行社会责任，坚守服务承诺。党、政、工、团同心同德、群策群力，通过"信息公司党员突击队""青年突击队"，在全平台实施信息公司疫情防控"六必做"，想方设法保障职工的口罩等防护物资供应，党团员充分发挥模范带头作用。疫情期间，热线职工无人缺勤、无人请假、无人违反防控要求，整个热线运行平稳、有序，燃气热线兑现了全年午休，7×24 小时不间断服务的承诺，真正成为了上海居民燃气安全的守护者。2019 年燃气热线总呼入量超过 286 万个，日均超过 7800 个，人日均接电达 150 个，年度总接通率 91.2%，液化气送瓶接通率 95.2%；客户满意率为 99.5%，投诉工单办结率为 100%；第三方神秘顾客满意度测评也高达 98%。

随着上海管理要求的不断升级，液化气自行配送的安全隐患日显突显，液化气的"全配送"势在必行。虽然管道燃气的接电压力已经很大，但燃气热线在接到"全配送"接电任务后，仍然第一时间成立了精干的液化气接听队伍，全力确保"全配送"工作的顺利实施，随着"全配送"范围的不断扩大，到2020年年底"全配送"已经实现了全覆盖。目前，燃气热线每天的液化气订瓶量节节攀升，热线的日最高呼入量已超过8千个。

百尺竿头，永无止境。燃气热线将继续秉持"燃气热线，服务无限"的宗旨，打造优秀服务品牌，让全市用户放心、安心和舒心。未来的上海燃气必将是智能化的，燃气热线也必须进一步创新发展，利用新型的多媒体互动方式拓展和延伸服务项目，通过更人性化的设置，优化流程，全力提升客户服务获得感，真正实现以优质服务"擦亮百年燃气金字招牌"。

上海天然气管网有限公司工程管理部：
用青春奋斗书写时代新篇章

上海燃气所属上海天然气管网有限公司工程管理部（简称"管网公司工程管理部"）是一支年轻的团队。近两年来，参与了包括市重大工程在内的基建项目同时在建标段总数逾10个，大中修、技改项目每年保持逾50个。2021年，管网公司工程管理部获"2021年上海市工人先锋号"。

精益求精 工程建设稳步推进

近年来，上海天然气主干管网的建设多点开花，任务繁重，但人们总能看到管网公司工程管理部冲锋在前的身影。他们攻坚克难，不畏艰险，用自己的努力，为城市天然气管道工程建设保驾护航。

在落实四项市重大工程及十余项市重大工程配套项目的过程中，管网公司工程管理部不遗余力。其中，化工区－临港天然气管道工程、配合轨交18号线天然气管道搬迁工程及奉贤热电配套天然气管道工程等项目，在前期协调工作开展困难重重的情况下，均超计划完成竣工验收并投入运行，共计节省投资额55305万元；五号沟－临港、崇明岛－长兴岛－五号沟天然气管道工程及闵行电厂配套工程正在平稳有序的建设过程中；沪浙联络线工程实现当年立项当年开工；沪苏联络线工程已完成立项，项目完成后将大大增强江浙沪天然气资源互联互通、互供互保的能力，保障区域天然气供应安全，协力推进长三角一体化建设。

由于管道工程距离长，跨多个区、镇，涉及多个政府部门，前期所需协调事项复杂繁多，且周边管线情况通常较为复杂，这给施工过程带来了较多阻碍。管网公司工程管理部牵头协调各参建单位事先做好排摸工作，最大程度优化施工方案，并与各市政管线单位建立了长期有效联络机制，在施工前做到精准定位，提高了管道施工安全性。

为规范施工现场管理，确保施工质量受控，安全生产和文明施工措施落实到位，管网公司工程管理部还编制了《施工工地标准化管理标准》，随后开展了工地整改和标准化工地建设推广，以完善管理制度为支撑，以发动全员参与工地标准化建设为载体，逐步完善管理措

施和方法，力求把标准化工地建设切切实实地落实到工地施工安全和文明建设管理全过程。

攻坚克难 技术先行提供强力支撑

过江管项目团队是一支活跃且战斗力强的团队。面对首次建设的隧道管道安装工程的诸多难点，项目团队迎难而上、攻坚克难，联合相关方就隧道越江、管道布置、盾构机选型等方面进行课题攻关，针对亚洲首条小直径长距离穿越主航道的隧道管道工程中的风险与难题进行了深入的剖析与讨论，共完成 15 篇论文，2 项发明专利，1 项实用新型专利，不仅对国内同类隧道和燃气管道工程具有示范价值和指导性意义，更对后续实际施工提供了强有力的技术支撑与实践指导。

施工期间，过江管项目团队不论冬夏、不论风雨长期驻守在施工现场，在盾构穿越大堤、盾构掘进至不良土层、工作井垫层浇筑等关键时刻，团队不眠不休坚守现场，直至关键节点顺利完成。他们以自己的实际行动诠释着"安全、优质、高效"的承诺。在项目团队的不懈努力下，过江管项目长达 15.2km 的越江隧道及 9.35km 的陆域管线历时 4 年顺利实现贯通，目前正在为后续隧道内管道安装作积极准备。

配合轨道交通 18 号线沪南公路段的高压天然气管线搬迁工程，可以说是近年来管网公司最难的几个项目之一。项目沿途经过浦东新区和闵行区下属的五个镇，十分复杂。其中，沪南公路上的康桥路、S20 外环高速、横桥路三个路口车流量巨大，施工只能避开交通流量高峰期，安排在夜间 22 点至次日早 6 点进行。

面对这样的情况，管网公司工程管理部由项目经理带队，开始了漫长又复杂的夜间"手术"。在前期多次尝试不理想后，项目团队当

机立断，定下方案：将套管切割缩短，减小每段开挖的长度，用钢板对撑的方式保护沟槽，加快焊接作业时间，快速过路，最终有惊无险地解决了这块工程中"最难啃的骨头"。

在管网公司工程管理部，有科技创新引领，有精益求精智慧管理，有每一位申能人对工程建设的满腔热情和殷切期望。蓝图似锦催人进，不负春光马蹄急。目前，高压天然气管道累计建成已达800多公里，场站61座，初步形成上海天然气主干管网南北贯通、东西互补、两环多射的布局。这支年轻的团队将持续践行"人民城市人民建，人民城市为人民"理念，不忘初心，砥砺奋斗，在新时代书写新篇章！

东方红资产管理：专业投研＋专业服务，
打造受人尊敬的资产管理公司

上海东方证券资产管理有限公司成立于 2010 年 7 月 28 日，注册资本 3 亿元人民币，是东方证券股份有限公司的全资子公司，也是获中国证监会批准设立的业内首家券商系资产管理公司。截至 2020 年底，公司共有员工 286 人，其中青年 203 人，团员 61 人，党员 128 人。曾获上海市青年五四奖章。

　　上海东方证券资产管理有限公司（以下简称"东方红资产管理"）始终专注于核心竞争力的培养，坚持"立足长期""以客户利益为先"理念，努力为客户实现长期稳定可持续的合理回报。公司投研专业能力、客户服务能力、业务创新能力保持行业领先，经营业绩持续创出新高，企业文化生生不息，始终致力于成为一家受人尊敬的资产管理公司。

日出东方，助力上海国际金融中心建设

　　东方红资产管理自 1998 年开始从事资产管理业务，2002 年获得国内首批从事客户资产管理业务资格；2005 年首批开展券商集合理财业务；2010 年首家获批设立券商系资产管理公司；公司 2012 年首批获得可受托管理保险资金投资管理人资格，2013 年成为业内首家获得

71

公开募集证券投资基金业务资格的证券公司。

东方红资产管理青年团队始终紧密围绕上海"创新驱动、转型发展"大局，立足于公司和行业发展，为上海国际金融中心建设和现代服务业发展努力贡献自己的力量。团队先后荣获"全国五一劳动奖章""上海市劳模集体""上海市青年五四奖章集体"等荣誉。

扬帆起航，产品创新持续保持行业领先

东方红资产管理始终立足客户需求，围绕核心优势领域推出多只行业领先的创新产品，其中，2009 年业内首只小集合产品——东方红－先锋 1 号限额特定集合资产管理计划成立；2011 年业内首只专注于定向增发投资的大集合产品——东方红－新睿 1 号集合资产管理计划以及业内首只专注于折价主题投资的大集合产品——东方红－新睿 2 号集合资产管理计划成立；2012 年业内首只分级大集合产品——东方红－新睿 4 号集合资产管理计划成立；2014 年业内首只券商基金产品——东方红新动力混合基金成立；2015 年业内首只大数据券商基金——东方红京东大数据混合基金成立。

2019 年，公司成功将东方红 7 号集合资产管理计划转型为东方红启元三年持有期混合基金，产品转型后覆盖到更广泛的投资者，且产品的品牌效应更加明显。作为首只券商资管大集合产品转型为公募基金，对行业其他券商资管有着重要借鉴意义，有利于大集合公募化改造业务的全面推进，长期利好行业健康有序发展。

专业专注，塑造市场认可的东方红品牌

东方红资产管理始终聚焦主动管理，注重核心投研能力建设，建立起了着眼于长期的价值投资理念和方法，权益、固收长期业绩保持行业领先。

东方红资产管理坚持开展全方位、多视角的投资者教育工作，自2015 年起持续开展"东方红万里行"系列活动近 8000 场，帮助投资者面对市场短期波动仍能坚定长期持有。

公司的投资专业优势持续得到市场认可，荣获包括《证券时报》中国资产管理券商君鼎奖、《中国证券报》金牛基金奖、《上海证券报》"金基金"奖、《证券时报》中国基金业明星基金奖等各类奖项。

创新探索，普惠金融服务实体经济

2013 年 3 月，券商资产证券化业务由试点业务转为常规业务，东

方红资产管理推出了东证资管－阿里巴巴 1-10 号专项资产管理计划，其优先级支持证券在深交所成功挂牌，合计募集资金 50 亿元。该专项计划是业内首只以小额贷款资产为基础资产并与互联网深度结合的资产证券化项目，获得了社会高度关注和各界广泛好评。

中国证监会主席肖钢曾指出："该项目为支持众多小微企业和个人创业者融资进行了有益尝试。"深圳证券交易所总经理宋丽萍出席挂牌仪式时表示，东方证券资产管理有限公司将阿里金融小额贷款资产进行证券化，从而盘活阿里金融小贷资产，使小贷业务规模得以持续扩大，形成支持小微企业的可持续金融服务模式成为可能，对于金融市场创新具有重要的示范意义。继业内首只小额贷款资产证券化产品后，2015 年 6 月公司成功发行了东证资管－蚂蚁微贷（SZ）1 号资产支持证券计划。上述资产证券化产品，满足了淘宝等电商平台上数以百万计小微企业和个人创业者的融资需求，荣获 2013 年度上海金融创新成果奖二等奖。

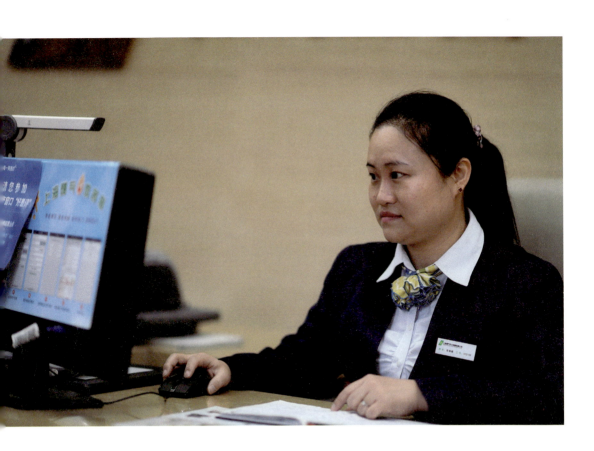

张畅敏："三不"服务、
延伸服务、志愿服务

张畅敏，现任上海燃气市北销售有限公司杨鑫业务窗口班组长，她致力于提高客户服务满意度，加强客户安全用气意识，创立窗口服务品牌。曾获上海市五一劳动奖章、上海市劳动模范。

像许多一线工作者一样，张畅敏兢兢业业地致力于自己的本职工作。她不惧困难，不怕艰苦，常冲在窗口服务工作的最前面。她带领班组成员调整心态，同心合力完成上级布置的工作任务。同时，她常向上级、同事们请教问题，通过不间断的学习来充实自己。在完成本职工作的同时，她常常思考反省，汲取他人的意见和建议，不断提升客户的服务满意度，在服务中常有创新，有的已经被行业所采纳、推广并应用。

她带领的杨鑫业务窗口曾荣获上海市"劳模集体"等称号；她自己荣获了上海市"五一劳动奖章""上海市劳动模范"等称号。工作中虽然会遇到困难和艰辛，但是她知道困难只是一时的，只要及时调整好自己的状态、重新出发，定能克服一切困难，让窗口创新服务再上新台阶。

"三不"服务

窗口服务工作中，张畅敏善于调动组员的积极能动性和通力合作性。在工作中有新的任务时，她往往第一个去尝试、体验，与同事研讨相关流程，并将流程简易化、口语化，方便大家实际操作，之后根据反馈的意见和建议不断跟进、调整。"三不"服务法就是在这样的工作中提炼、产生的。她还特地去学习心理学，研究了客户的心理。在统计中，她分析发现客户对窗口的服务不满，更多是因为客户自认为没有被窗口业务员尊重和认可造成的。针对这样的情况，张畅敏在与窗口的业务员一起实践验证中尝试和整理后，推出了"三不"服务法，即"满足用户需求，不说'不知道'；关注用气安全，不说'我不管'；延伸窗口服务，不说'不能办'"。该项服务法减少了客户与窗口的

矛盾，提升了客户的满意服务体验，得到了上级的认可，被上海燃气处采纳并在燃气行业内推广。

延伸服务

自从公司推出"延伸服务"的工作要求后，张畅敏知道要完成新任务，首先要转变旧观念。她时常告诉自己要拥有一颗谦虚学习的心，很多时候换个角度看问题会有不同的收获。

面对着任务重、指标高、时间紧的工作要求，面临着客户的不同需求有不同要求的众口难调，窗口安全宣传工作要宣传到每位客户，哪一样都不可有一丝的松懈。为做好"延伸服务"的上门新装服务工作，在没有增派人手的情况下，张畅敏在组内动员组员，自行调节合理排

班，一天内完成了人员的安排和相关预备等工作，组员们也积极响应，愿意牺牲自己的休息日参加该项工作。

因为是第一次试行该项工作，她特意安排自己第一天上门服务，在接待中统计客户群的一手资料，方便之后服务的业务员快速进入工作状态，提高工作效率。据统计，在三天的上门服务中，她和业务员总共 6 人，共完成了新装受理客户 300 余户、"延伸服务" 30 户，占上门总新装服务数量近 10%。平均每人每天的新装工作量最高达到 50 余户，安全宣传 50 余户，"延伸服务"介绍 50 余户，完成"延伸服务"5户。该服务得到了客户的好评，为做好延伸服务工作尝试了一个新的努力方向。

今年（2021 年），"张畅敏巾帼创新工作室"更是以提升延伸安全服务发生率 10% 的课题攻关，参加了《提高延伸服务产品销售的开单率》课题小组，对延伸安全服务实际发生率的提高进行该课题研发和实践工作。其间，工作室对外通过对市场的调研、分析、制定计划、实施反馈和总结修改服务实操流程等环节，做好了延伸安全服务的相关宣传工作和延伸安全服务实际发生率；对内通过流程优化、科学化管理、参观学习、课题攻关、师徒带教等方法，使得窗口延伸安全服务的接待操作流程能够拷贝到每一个窗口和每一位一线的员工，使之有可操作性。最终，通过调查研究，分析问题的原因，采取相应的措施使窗口提升延伸安全服务发生率 12.6%，优化了班组管理水平，并有效提高班组人员对外服务水平和技能，最终提高客户的服务满意度和加强安全用气意识。

志愿服务

在单位中，张畅敏热心帮助自己的客户和同事。在社会上她也是一位爱心人士，常传递正能量的她踊跃参加社会上的公益活动。如上海志愿者活动、探访孤老等。

在 2020 年新冠肺炎疫情的特殊时期，又值春节放假，生产口罩的厂家缺少一线工人做工，而社会上对该产品的需求量极大。她深受触动，想着"自己应为缓解疫情做些小事"，于是克服心中对于安全的担忧，报名参加上海市志愿者招募工作，利用休息时间，来回驱车 80 公里，通宵不眠 12 个小时，在生产线上当一名夜班的"临时工"，一晚上完成了 20300 只口罩的整理、检验和装箱工作。

张畅敏不忘初心，以提升客户的满意度为目标。在学习、思考、实践中成长，在苦境中扩张自己的境界。心中有爱是她的动力所在。有位名人曾经说过"能做事的做事，能发声的发声。有一分热，发一分光。就如萤火虫一般，也可以在黑暗里发一点光。"是的，她热爱自己的工作，关爱身边的同事，怜爱需要帮助的人，她愿用自己微小的光为这座美丽的大都市加油助力、添上一分心意。

尹莉蓉：绽放在客运一线的"铿锵玫瑰"

尹莉蓉，现任上海益流客运有限公司副总经理，兼任公司一车队车队长。曾荣获 2017-2018 年度上海市三八红旗手、2015-2019 年度上海市劳动模范（先进工作者）等荣誉称号。她从公司创立之初走来，始终把共产党员"五带头"作为工作的标准，善于动脑，刻苦钻研业务，找准工作重点、难点，把握工作主动权，十多年来为浦东南片地区区域性出租车事业的发展献计献策。

一名英姿飒爽的退伍女兵，一头扎进客运公司的管理和实践中，始终遵循"在其位，谋其职，尽其责"的古训，立足本职工作，退伍不褪色，爱岗敬业、追求奉献，各项工作注重"以人为本"的人性化细节操作，实践了一名共产党员对先进和优秀的不懈追求。她就是尹莉蓉，从加入到上海益流客运有限公司的那天起，就在为浦东南片地区区域性出租车事业的规范化发展努力着。她就像一朵铿锵玫瑰，在客运一线吐露着芬芳，为驾驶员做着实事，为益流客运事业添砖加瓦。

行车安全的"规范者"

出租车行业是推动城市前进的"马达"，也是城市的一张"流动名片"，出租车驾驶员在行车安全的基础上，必须要合法经营，遵规守纪。为了提高驾驶员的服务质量和运营水平，尹莉蓉结合工作实际，把行业营运服务规范做成PPT，在每月一次的安全例会上组织驾驶员逐条逐句进行学习，并结合公司实际案例进行辅助讲解分析，从身边的人、身边的事说起，让驾驶员坐得住、听得进。此项工作从她2013年起担任一车队队长工作以来推广至全公司，现已成为车队常规化工作。多年来，她坚持对驾驶员进行思想教育培训，时刻警醒驾驶员要把"优质服务"放在心上，把"行车安全"抓在手上，有效减少了驾驶员与乘客间的纠纷矛盾及安全事故的发生。

除了进行常规思想教育培训，尹莉蓉还着重走访事故多发、违章较多的驾驶员，排出"重点车、重点人"。在实际家访工作中，尹莉蓉注重"晓之以理，动之以情"，因人而异，力求实效。她带领班组长、信息员以班组为单位进行家访，在跟驾驶员本人沟通约谈的基础上，注重与其家属进行互动交流，多角度了解违章事故产生的原因，并邀

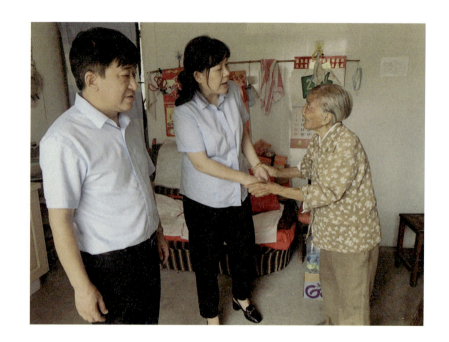

请安全科主管共同上门，有针对性地进行一对一帮教，专业分析指导。针对屡教不改者，尹莉蓉当机立断劝退驾驶员，并作通报批评，始终将驾驶员"安全第一"摆在最重要的位置。

扎根一线的"奉献者"

尹莉蓉爱岗敬业，坚持扎根在一线科室办公，动态掌握驾驶员信息，及时采取措施解决问题、化解矛盾。近年来，客运出租车深受网约车、共享单车等市场冲击，出租车驾驶员紧缺造成人车配备严重倒挂。面对困难，她带领公司管理人员做好各方协调的同时，密切注意隐患苗子，注重检查和家访工作，及时疏导驾驶员的情绪，打消驾驶员的顾虑，排查不稳定因素，把发现的矛盾第一时间处理，对驾驶员队伍的稳定起到了积极的推动作用。

在 2014 年公司受临港新城管委会委托筹建"滴水湖新能源观光车"任务中，无论是驾驶员技能培训、职业教育、接车试运行，还是国庆长假营运，尹莉蓉都坚持在滴水湖第一线随时待命，根据上级要求及时调整流程，配合管委会顺利完成营运前准备，献礼国庆 65 周年。在承接历届临港聚人气工程任务时，她带领工作小组对线路走向、站牌站名等认真勘察校验和预演，反复对驾驶员、车辆营运、线路站点进行磨合，做好行车准备和应急预案等各项工作，圆满完成了多次聚人气保障任务。

精于业务的"钻研者"

尹莉蓉善于动脑，勤于思考，从公司实际出发，研究设计了一套行之有效的交接流程，使公司每个科室都能动态掌握驾驶员营运情况，确保了每辆出租车的正常营运。在她带领下，人事科工作人员永远随身带有一份驾驶员在岗清册和一张顶班流转清单，可以毫不夸张地说，工作人员一年 365 天都处于"待机"状态，全年无休。

2010 年，面对没有数据库平台的困难，她放弃休息时间，摸索出了一套驾驶员季度考核表，通过"车队化、班组化、个人化"的数据分析，使车队长和班组长对辖内驾驶员违规违纪现象一目了然，在表彰先进的同时也有效提醒甚至遏制下次同样事故的发生，真正落实考核竞赛的目的，发挥考核竞赛的最终功效。这项考核工作也为公司年终评选先进驾驶员提供了基础数据。

贫困老人的"贴心人"

"老吾老以及人之老"，这是尹莉蓉一直挂在嘴边且积极践行的一句话。上海益流客运有限公司自 2010 年同浦东新区大团镇扶栏村的两户老人结对帮困，至今已经第十一个年头了，逢年过节的爱心捐款、帮困慰问早已成了常规。尹莉蓉每年都把这项探望活动列入重要工作事项，希望通过公司的关心，让这些老人感受到来自社会的温暖，孤而不单。

孤老沈阿婆每次看到公司人员前去探望，都会非常激动，拉着工作人员的手滔滔不绝地说起家常。长期被病痛折磨的潘老夫妻，尽管不善言辞，但是每次都会感谢益流公司的照顾。尹莉蓉带头践行帮困慰问，大力弘扬了中华民族传统文化，传承了孝道美德。

第四章

匠心筑梦

超导电缆中心城区示范工程青年突击队：
青春担当，科技创新

上海电缆研究所有限公司有一支常年站在科技前沿、推动科技创新的青年突击队，他们用行动践行着初心，用汗水书写着奇迹，用执着诠释科研的真谛，用激情打响了一场场青春的战役，这就是超导电缆中心城区示范工程青年突击队。曾获上海市模范集体。

2019 年，上海市重大项目"国产化公里级超导电缆示范工程"建设拉开序幕。作为世界上最长的超导电缆，它将连接徐汇区的两座变电站，这也是全球范围内首次在超大城市的腹地引入超导电缆，所承载的电流也将会是世界第一。目前，工程正在如火如荼地建设中，电缆所人充分发扬"坚定初心、勇挑重担、科学严谨、吃苦耐劳、锐意进取、勇攀高峰"的突击队精神，展现了新一代青年科技人员的精神风貌。

2020 年初，通过青年突击队的奋斗，好消息传来：型式试验顺利通过！型式试验是为了验证产品能否满足技术规范全部要求而进行的试验，通过型式试验，就能正式投产。眼下，示范工程所需的 1.2 公里超导电缆、超导终端、中间接头等部件已全部生产完成，正在紧锣密鼓地进行最终的集成。在高温超导输电这场电力行业新革命中，示范工程好比一场中试，一旦上海走通，不仅意味着中国自主掌握高温超导输电的核心技术，有能力推动超导材料在输配电领域实现规模化应用，而且将使超导这一新兴产业落户上海、形成集群，助力上海建设具有全球影响力的科技创新中心。

二十年努力，突破"卡脖子"技术

青年突击队团队主要从事超导电缆研究，至今核心团队的研究已持续近二十年。立项之初，以美国、日本等为首的发达国家就明确表示，在生产工艺方面拒绝一切技术交流。只能靠自己，团队分成了三个专业小组——科研组、工艺组和装备组，成员常年吃住在一起，查专利、读文献、设计图纸、调试改造装备到形成稳定的生产工艺，最终生产出了性能可靠的产品并实现了工艺车间中所有生产线的自主设计。在

这个过程中，每条生产线都洒满了超导人的心血，平均每条生产线被改造的次数超过十次以上，将国外垄断的原材料的价格在10年内降低了近2/3。

十年磨一剑，从未放弃带来最终成功

2010年，团队在进行超导电缆试验时遇到了一项世界级的难题——局部放电测试，因为超导电缆系统的特殊性使微弱信号检测隔离十分复杂，导致测试失败，试验数据一直未取得。

但是他们从未放弃，十年来，团队做了持续的研究。2019年10月30日上午8时30分，曾经的"失败者们"带领着新一代超导突击队的成员再次踏进了全新的战场，12时30分，背景噪声依然在10PC以上。"要么就这样吧，不能把时间都浪费在这个别人都未必成功过的项目上。"有人表达了担忧。"我们失败过，大不了再失败一次，不要放弃。"突击队队长张喜泽依然坚定。"是啊，不放弃不一定能成功，但放弃了就肯定不会成功。"所有队员收拾心情重新投入到更

加细致的工作中，一个个设备、一条条连接线、一个个管路重新排查数十次。也许是被大家不放弃的精神所感动，傍晚 6 时，屏幕上出现了 1.9PC 的背景噪声，整个团队为之欢呼雀跃。

为了防止试验的偶然性，团队又耐心进行了几次重复性的测量，噪声依然控制在 2PC 以下。"成功了，我们成功了！"到处都是相互击掌、相互拥抱的画面。伴随成功的喜悦，突击队又持续奋战到深夜 11 时，直至确认最终成功。十年的汗水，最终换来一个关键数据的取得。

成千上万次试验，用汗水诠释科研的真谛

2019 年 3 月，突击队进行产品试制，对成缆后的 28 根超导材料进行测试时发现所有材料全部坏掉了，究其原因，是国产材料的焊接技术不过关导致无法进行成缆。此结论犹如晴天霹雳震惊了所有人员，尤其是总项目负责人宗曦华。"是否用进口替代？是否延长工期？"大家提出了备用方案。"我们从事了这么多年超导，要想实现国产化，超导焊接技术必须拿下。"宗曦华说道。

而后，2016 年加入团队的突击队成员陈志越作为带材焊接技术的负责人立下了他工作后的第一个"军令状"：三个月内务必取得实质性进展，六个月内转化成工艺文件，确保质量过关。查文献，跑厂家，比对焊料，反复的焊接测试，三个月转眼就过去了。2019 年 7 月，团队再次进行成缆制造，28 根带材通过了 25 根。"我已经找到了方向，希望能继续下去，把最后 3 根完成。"陈志越当着所有人说道。这名年轻人又投入到了更加紧张的工作中，虽然疲惫但是始终微笑面对。2019 年 11 月，焊接工艺文件评审会上，28 根经过陈志越焊接的带材全部通过了测试。成千上万次的试验，让这名年轻人找到了焊接技术

中的规律，他用汗水诠释了科研的真谛。

2020年新冠肺炎疫情牵动人心，疫情就是命令，防控就是责任。早在2020年春节期间，超导青年突击队队长张喜泽代表突击队向所党委表达了请战的决心，突击队主动承担了电缆所宝山基地的疫情防护工作，将队旗插到了单位防疫工作的"最前沿"，努力将全面复工后的每一项防护工作落到实处，让每一位员工可以安心地投入到工作中。

超导电缆作为电缆行业的第三代革命性产品，历经了电缆所三代人的心血。团队感恩时代赋予的使命，假如没有工程的落地和应用，技术就只能永远止步于实验室；特别是当我国高技术领域越来越多走入"无人区"，可参照的经验与案例越来越少时，每前进一步都要靠自己摸索。超导突击队的成员把超导电缆的产业化作为终身事业来奋斗，在筑梦的过程中，即使前路再艰险、道路再曲折，他们都相互扶持、相互鼓励。未来，这些年轻人依然会携手前行，攻克一个个顶级技术难题，不断地沉淀和积累核心技术，努力成为构建上海超导产业可持续发展之路的最强音。

钟君儿：一半沉静，一半热烈，把根扎在洋山岩礁上的"雪绒花"

钟君儿，现任上海 LNG 公司副总工程师、设备管理部经理，公司第二党支部书记。曾获 2019-2020 年度上海市三八红旗手。

"雪绒花"是钟君儿的微信昵称，这种高山花卉珍贵美丽，"叶片银灰绚靓，白色花序如雪，朴实大方，同时具有耐干旱、耐贫瘠的优点。"百度百科中如是描述，这也正是钟君儿本人的写照。

2017年上海LNG公司管理体系优化调整后，钟君儿从技术部副经理转身为公司设备管理部经理，响应公司生产条线垂直管理的要求，奔赴洋山LNG接收站现场。从交通便捷的老西门到人烟稀少的深水港，从字斟句酌的技术管理者到需要直面事无巨细的实操问题的设备管理部"掌门人"，她"下了很大的决心，走出心理舒适区"，把根牢牢的扎实在这座"能源岛"上。

"路再远，只要在走，就会有到达的那天"

2020年，一场新冠肺炎疫情席卷中华大地，作为全市重点保供企业，上海LNG党委果断作出"封闭运行"的决策。三个多月里，钟君儿带领四位现场指挥组成员，在无先例可循的情况下，小步快走实施了"立体化、多维度、蜂巢式"的精准防控体系。

他们第一时间完成人员组织方案拟定和紧急动员，11项工作任务明确分解到部门；仅用四天时间建立人员分类管理、出入管理、防疫卫生管理、住宿用餐调整、资源运输保障沟通、宣传教育的内部蜂巢式管控体系；制度先行，23份管理文件和1项专项预案相继出台，实现制度化、流程化、可视化；持续优化，封闭运行方案从1.0迭代到3.0，直到6月份进入常态化管理；也关注员工"心里"那些事，通过线上定期举行交流答疑会、联合工团举办线上猜灯谜和K歌赛等活动，缓解员工中普遍存在的焦虑情绪。

在钟君儿的冷静指挥下，各部门响应有速度、工作有抓手。当时主管现场后勤保障的办公室指挥组成员对此感触颇深，"因为责任划分明确，我们执行具体工作时会有边界意识，不仅避免了重复劳动，更做到了有的放矢"。凭借"零疫情""零事故"的出色防疫成绩，公司获得抗击新冠肺炎疫情的先进集体，"封闭运行叠加蜂巢管控"的有益举措被总结为上海市企业创新管理成果。

"'再忙不丢专业技术'是对自己的底线要求"

1997 年，钟君儿结束了在同济大学供热供燃通风及空调工程专业七年的学习生涯，成为上海市天然气输配公司的项目骨干。其后二十年的时间，她在全程深入参与五号沟 LNG 事故调峰站一期工程建设和试生产的过程中学以致用、在具体负责上海市天然气主干管网西气东输的生产准备和新老工程衔接的过程中攻坚克难、在上海 LNG 的一期工程前期设计管理和陆管工程的建设中勇于创新，把青春投注于天然气技术的应用研究和实践，乐此不疲。

扎根现场后，形形色色的人与事扑面而来，颠覆了以往从事技术工作的状态。面对设备年久失修、人员参差不齐、基础管理薄弱的不利局面，钟君儿像一只不知疲倦的陀螺，旋转在生产保供的一线、标准化体系建设的案头、项目生产准备的现场。在她的系统思考谋划和真抓实干下，设备可靠性和面貌有了显著提升，设备全生命周期管理理念开始深入人心；安全标准化体系持续健全完善，公司安全绩效连年持续提升，顺利通过危化品码头安全标准化体系一级达标；公司的科创项目成果在集团科创表彰大会上从 2017 年的"硕果仅存"变成 2021 年的"全面开花"。她用专业精神全心全力浇灌这方土地，终结出了丰硕的果实。

但她不满足于此，表示"其实真正的兴趣点还是在技术"。

某一年的总结中，钟君儿这样写道："'再忙不丢专业技术'是我对自己的底线要求。"

2019 年和 2020 年是储罐扩建重大工程的冲刺之年，新增气化设施和两个 20 万方大型储罐分别于两年的冬高峰分步投产。作为系统工程的重中之重，投产前的生产准备是检验设备完好性的关键环节，也存在着较大的技术风险——一颗螺丝钉没拧紧，都可能因为高压低温的工艺特性，酿成重大失误。对于首次自主完成试车工作的上海 LNG 而言，更是挑战巨大。在此期间，钟君儿发挥专业核心作用。面对 ESD 阀门冻住、储罐预冷降温过快等突发问题，她第一时间组织专业人员、外方专家等各方力量排查分析、处置解决，用一个个创新之举为新设备投运扫清道路、保驾护航。

如果住在洋山接收站，你很容易在清晨 7 点看到一个齐耳短发、小巧干练的身影出现在食堂。在此之前的一小时和之后的一小时，是她的黄金时间，她会利用这两小时解决一天中最难的事。"这样的一天，心理都会比较轻松。"她说。许多人难免疑惑，她小小的个子为什么总有使不完的精力？在这里或许能看出一二。啃最硬的骨头，先做最难的事，正是守住了这样的底线，往后的路才变得轻盈有力。

"最乐于看到每个人成为最好的自己"

钟君儿对自己、对工作是出了名的高标准、严要求，对部门员工则是以"柔性管理"著称。她认为"成事在人"，因而 2017 年担任设备管理部经理后，花了很多心思在部门员工身上。

"有的人看似没有进取意识，可能是对情况存在误解；有的人看

似没有开拓能力，可能是需要一些点拨。"钟君儿说。担任部门长和支部书记以来，她不放过每一次与员工交心谈心的机会。从每一件过问的事抓起，不是简单地提要求，而是进行认真指导以促进提升。首先让负责的人员充分理解为什么要这么做，提升意识理念，同时能明白怎样去做可以更好地达成工作目标，从而提高工作能力。部门的各项学习活动、部门员工担任主讲者的跨部门培训，她都尽可能地参与，

用在场这个行为本身让大家感受到重视，并抓住机会与之互动，诱发员工深层次的思考。

近年来，公司人才断层问题逐渐显露，钟君儿把培养年轻技术骨干视为当务之急。人事部门的同事知道，"钟总对这帮小朋友可关心了"。一位新近进公司的研究生在跨部门轮岗培养时感到有些迷茫，钟君儿马上意识到前期工作不到位，立马引导着她拆解问题。先帮她减少部分事务性工作负担，腾出时间专心学习，并且和她一起商议，把培养计划细化到每月甚至每周，每周或隔周和她的带教师傅一同出题并"会诊"答题效果。严与爱交织、学与做结合的培养方式驱散了女孩心中的焦虑，让她感到动力满满，朝着接班工艺能源管理的方向努力。与此同时，另几位同期进入的研究生也在部门领导和前辈们的关心下，拥有了能够独当一面的能力。

吕勇根：弘扬劳模精神，坚守匠心筑梦

吕勇根，现任上海申能临港燃机发电有限公司设备管理部机械专业点检长、临港燃机技师工作室首席技师。曾获 2018 年上海工匠、上海市总工会五一劳动奖章、上海市劳动模范等荣誉。吕勇根劳模创新工作室曾获"上海市劳模创新工作室"称号。

从初出茅庐的学徒工到技艺精湛的上海市劳动模范、上海工匠，30年来，吕勇根一直秉持对职业敬畏、对工作执着、对设备负责的态度，在汽轮机本体的安装、调试和检修工作上，不断追求完美、精益求精，把平凡的工作做到极致。

正是这种精神，使他的专业技能得到进一步的淬炼；也正是这种精神，帮助他先后获得了"上海工匠""上海市五一劳动奖章""全国电力行业设备运检大工匠""上海市劳动模范"等荣誉。

精益求精、严谨细致是掌握高超技艺的基本心态

2012年4月临港燃机4台机组进入生产以来，#2/#3机组5/6瓦轴承振动一直不理想，忽上忽下，有时甚至影响到机组安全运行。吕勇根在日常点检中，仔细观察分析振动曲线，认真研究每次异常振动曲线规律，并对分析结果进行总结纪录。结合理论知识，他最终发现设备制造厂编写的安装对中工艺标准存在问题，导致机组热态时对中不良，进而引起轴承振动异常。他根据多年安装、调试经验，通过减小轴承接触面积、修改安装对中工艺标准等多方位、多举措一次性解决了#2/#3机组5/6瓦振动异常这一困扰公司机组安全运行数年的难题。

吕勇根一直以精益求精、严谨细致的态度对待每一份任务，正是这样一种精神，保证了工厂每一次机组检修和技术改造项目都能高质量高效率地完成，解决了像"#2/#3机组5/6瓦轴承振动异常""#2机组凝汽器真空不良"这种持续数年的"疑难杂症"，也正是这样一种精神成就了技艺精湛的全国电力行业运检大工匠、上海工匠。

追求完美、创造极致是升华自身价值的职业精神

临港燃机发电机组为西门子F级燃气—蒸汽联合循环机组，机组轴线主机设备采用模块化设计和安装工艺：对中时需要移动三大主机本体完成粗对中，再调整轴承座垫片数量进行精对中，工作量巨大。同时，机组转子为多轴系，各联轴器与轴瓦移动量相互耦合，牵一发而动全身，对中过程中任何一点的移动对其前后2到3个联轴器对中都有影响，对中工作非常困难。

吕勇根利用休息时间，不断翻阅设备资料，查阅专业文献，潜心研究分析，最终建立了"止口连接的无支撑、单支撑、两支撑转子联轴器轴瓦移动量与联轴器张口间相互影响"的数学模型，验证成功后并将其应用到了实际的对中过程，大大提高了机组轴系对中的效率和质量。

新的安装方法不断地帮助临港燃机的机组刷新国内燃机安装至点火工期最短记录，为公司基建工程拿下亚洲电力奖年度最佳燃气发电项目金奖、国家优质工程金奖（均为国内燃机电厂首次获得该奖项）作出了积极贡献。除此之外，他带头完成"IGV角度变送器三取二技术改造""凝汽器水室真空泵改汽侧辅助真空泵"等多个项目，进一步降低了全厂机组发电气耗，为上海的"蓝天保卫战"作出了贡献。

攻坚克难、创新超越是展现优秀品质的真实写照

2016年，临港燃机重大科技项目——差压发电项目正式开始基建。吕勇根作为机械专业主要带头人，充分发挥企业员工的高度责任心和技术工人的工匠精神，从主设备基座浇筑开始就全身心地扑在现场，

监督基建、安装、调试等工程质量，及时梳理项目执行过程中遇到的技术难题，制定解决对策，确保项目顺利实施。在差压发电项目的安装调试过程中，他仔细阅读设备安装说明书，查找咨询相关技术要求及设备原理，不断攻坚克难，保证了"快关阀安装位置的准确性"及"膨胀机本体天然气管道无应力安装"等一系列重要节点的安装质量。调试过程中，他不放过任何一个异常情况，提出并整改了"IGV阀门与本体密封型式创新优化""油系统母管压力与发电机润滑油压重新匹配"等系统设备存在的问题，为这一清洁发电、零排放项目的顺利投产奠定了扎实的基础。

2017 年，公司成立了技师工作室，吕勇根被聘为首席技师，他带领技师工作室冲在科技创新和技术攻关的前线，先后完成了"燃机 #1 瓦解体检修自主化""西门子 T3000 工程师站／操作员站国产化项目研究""#2 燃机 #1 瓦油挡改造"等多个项目，为公司节约了百万余元的检修、维护费用。同时，以技师工作室为平台，积极开展专业技术学习、研究与交流，举办了"跨部门、跨专业培训""系统燃机值班员技能比武"等活动，提升了公司一线员工的专业技术能力。

为了将自身技能更好地传承下去，吕勇根结合自身近 30 年的工作经验，编写了《燃机本体系统设备检修规程》《发电机轴瓦和密封瓦检修作业指导书》等一系列机组关键设备检修管理技术材料。在他的带领下，工作室陆续获得了"申能集团劳模创新工作室""上海市职工创新工作室""上海市劳模创新工作室"等荣誉称号。

作为具有"工匠精神""劳模精神"的奋斗者，吕勇根不断地助力机组的安全稳定运行，不断地助力科技创新和技术攻关，不断地助力节能减排，为实现"双碳目标"奉献着自己的力量，为公司争创燃机行业"先锋企业"奋斗不息，为申能的发展贡献力量。

邵 良："从玩具破坏王"到上海工匠

邵良，现任上海液化天然气有限责任公司机修班班长，被授予"2020年上海工匠"称号，2021年上海市五一劳动奖章获得者。

1973 年，邵良出生在金山石化一个普通工人家庭。受学习机械专业的父亲影响，2 岁时，他就展现出强大的"拆解"能力——但凡经他手的玩具，无一例外都会变成一个个零件。中考的"失利"加速了他发挥"天赋"的进程，就这样，他误打误撞进入中石化技校钳工专业学习。

在技校，邵良"从来没觉得课程有难度"，每堂实操课他都学得兴味盎然。每学期等级评定中，他总会成为别人眼里"毫不费力"的甲等生。毕业后，他顺利进入上海石化，成为一名设备检修工。

"前十年是摸爬滚打的十年。"邵良这样概括。每天，他与机械设备打交道，装置里流出的黑色原油与钢丝黏得浑身都是。当时，社会上还没有"蓝领"的概念，一线工人谈不上什么社会地位，"我妈看我这份工作又脏又累，不止一次劝我转行。"尽管能把自己的生产线管得井井有条，但他还是迷茫了，怀疑"干这行前途不行"。他去考成人大学，去学习与工作毫不相关的财务专业，开始寻找兴趣之外的其他可能。

直到千禧年前后，原单位重视起员工的职业生涯发展，邵良凭借扎实的基础在技能比武中屡次捧杯，又被公司推选到中石化系统、上海市参与评选，取得了不俗的成绩。当社会认同、公司肯定、自己擅长三者同时发生，邵良真正感受到如鱼得水。从那时起，他确信自己脚下走的路，放手展现自己的才能。

"一定要尽快实现关键设备自主检维修"

2009 年，邵良进入申能集团旗下上海 LNG 公司机修班组。尽管此前，他已是"上海市技术能手""上海市青年岗位能手""中石化集

团技术能手"，但面对新领域、新挑战，他没有固步自封，从头开始钻研起 LNG 接收站的工艺流程和机器设备。

在我国，液化天然气是个新兴行业，所用的超低温设备工况要求苛刻、均为进口。上海 LNG 成立之初，检维修工作仍需要"外援"支持。邵良意识到，"如果碰到疑难问题，还要提前预约外国专家上门指导，会让检修和运行很被动"。于是他带领班组默默蓄力，下定决心："一定要尽快实现关键设备自主检维修。"

各类设备首次大修的现场，邵良作为现场负责人，认真配合外方专家，对重点和难点问题着重请教提问；维修后，他仔细查看维修记录，精益求精地核对技术要求和各项参数；英文或日文的设备指导手册难以读懂，他便借助翻译软件，将其转化为适合大家直接应用的检修指导手册……

在公司领导的信任支持下，邵良团队于 2012 年在国内同行中率先实现进口设备自主检维修。经过近十年的巩固和验证，检修质量零返修、零事故，每年至少为上海 LNG 节约 200 多万的维修成本和专家费，把检修的主动权和技术的话语权牢牢握在自己手中。

"要对自己有要求"

吃透 LNG 设备的特性后，技术创新的大门也在邵良面前逐渐打开。

一次卸船时，卸料臂上的冰块掉落，砸坏了前臂的氮气吹扫管线，管线断裂位置距海面 50 米，常人无法到达。凭着自己对旋转接头构造和功能的深入了解，邵良当机立断，从码头卸料臂控制箱氮气控制阀处加三通另接一软管，拉到船上卸料臂末端的 QCDC 船岸连接处氮气总排放口，对卸料臂进行逆向充氮，保证了卸船的顺利进行。

在这次成功应用的基础上，邵良又总结出"可逆双向充氮法"，并进一步发展成判断 6 个旋转接头中哪一个密封老化泄漏的"6 点泄漏检测法"。此外，他还设计了"卸料臂双球阀分离夹具""耙式过滤器导轨更新支架"等 10 多件专用工具，拥有 3 项技术专利。这些都大大提高了检维修的效率和维修质量的稳定性。

面对外界的称赞，邵良总是回以羞涩一笑，他说"没你们想得那

么高大上，就是想一些简单方法快速解决问题"，"每个称职的维修人员都应该有这样的自我要求"，这也是推动他进步的不竭动力。

"一花独放不是春，百花齐放春满园"

近年来，邵良在做好岗位工作的同时，积极参与到师徒带教、技师讲堂等传技授艺工作中。他无保留地指导徒弟学业务、练本领，使其实现技能、岗位等级的提升；关键设备大修时，放手让徒弟挑大梁，使其摆脱依赖、独立思考。如今，多位徒弟已在生产一线独当一面，成为部门的技能骨干。

2020 年 5 月，邵良带头成立"邵良技师工作室"，首批招募成员涉及机械、仪表、电气以及工艺等各专业，覆盖设备、运行两大一线部门。成员从生产过程中遇到的难题着手，组织进行技术攻关与创新，通过学科交叉，全面打磨方案，使之更具有操作性、可行性和稳定性。一年过去，邵良和他的技师团队完成了登船梯、卸料臂、海水泵等多种设备改造，以及 10 项原缺陷部件设计改进，多个疑难杂症通过跨专业碰撞迎刃而解，营造了公司内钻研技能的良好氛围，为 LNG 安全保供做出了新的贡献。

王振宁：平凡岗位彰风范，
执着追梦铸"燃"魂

王振宁，现任上海大众燃气有限公司营业所静安办事处检修组组长，曾获"上海市青年五四奖章"、申能集团系统"安康杯"竞赛先进个人等荣誉。

"一滴水可以折射出太阳的光辉"

一滴水能折射出太阳的光辉，一朵花开可以绽放出春天的笑脸，一份坚定的信念可以开创美好的未来。

王振宁是上海大众燃气有限公司"王振宁服务团队"的领头雁。他带领团队成员围绕办事处各项中心工作认真开展服务工作，与其他生产小组之间形成良好的互动机制，是一支有凝聚力、战斗力的团队。

思想为先。平日里，王振宁非常重视理论学习，增强"四个意识"、坚定"四个自信"、做到"两个维护"，认真履行党员职责，用党员标准衡量对照自己的言行，高标准，严要求。通过不断加强和提高党性修养，坚持党性原则，积极参加党内学习，他积极发挥党员的先锋模范作用，根据小组的实际情况，制定切实可行的方案，出色地完成好每一项任务，为办事处全年方针目标的完成贡献着自己的力量。

在工作上，王振宁始终带领团队踏实进取、认真谨慎，忠于职守、尽职尽责，以"吃苦在前、享乐在后"和"对自己负责、对单位负责、对党负责"的态度对待每一项工作，努力把"全心全意为人民服务"的宗旨体现在每个细节中，以改进工作作风、讲求工作方法、注重工作效率、提高工作质量为目标，坚持以"群众满意"为标准，坚持规范服务。良好的工作作风和工作质量，让王振宁及其团队获得了大家一致好评。

"既要自己提升，又要带动团队提升"

作为一名经验丰富的技师，王振宁不仅严于律己，持续进行自我操练，更乐于与团队成员分享经验。

在青工技能比武活动中，王振宁结合户内燃气检修岗位实际操作的具体内容，一面编写技能比武的比赛规制和测试内容，一面又对参与比武竞赛的青年职工进行手把手的教学指导和疑难解答。

作为检修组长，王振宁从不计较个人得失，在保质保量完成日常工作的同时开拓创新。

为了扩大服务范围，提升客户对燃气服务的舒适度和满意度，王振宁结合"燃气服务管家"的服务新模式，积极探索工作新思路，通过建立微课堂、每日晨会、月底总结会制度，提升团队成员服务能力。同时，开设"微课堂"对青年员工进行培训，并让微课堂成为大家相互交流、分享经验的平台。在办事处党政领导的支持下，他还将锅炉间改为实景操作间，方便团队成员拆装，通过情景再现的形式让成员对一些疑难杂症有进一步的认识，从而提升团队整体技能水平。

一年多来，随着王振宁服务团队的服务不断升级，为静安区内燃气客户带来更精、更细的服务新体验。团队也曾多次得到客户书面和电话表扬。

守土有责勇担当，全力守护安全供气

2020 年的春节，新冠肺炎疫情突如其来。在这个特殊的春节假期，王振宁积极起到领头羊的作用，忠于职守、无私奉献，带领着班组成员保障着人民群众家中燃气的安全。

复工复产后，上海大众燃气有限公司营业所成立了应急防疫突击队。作为一名党员，王振宁义无反顾地参加了办事处的应急小组，向险而行，受理处置隔离期间客户的燃气电话报修工作。辖区内 15000个 NB 表存在空置关阀的情况，燃气客户回到家中发现燃气无法使用

的情况后随即报修。王振宁在总结了几天的报修任务后，针对此类报修任务通过微信群与全体检修员沟通，传授大家空置关阀开启技巧。

在大家眼里，王振宁亦师亦友。遇到各类疑难杂症时，通过图片或者视频的方式传达，他总能够做到有求必应、有问必答。同时，图片的存档也为日后开展班组例会、培训等工作提供了案例分析的材料。

对于一名青年党员而言，能在自己从事的普通的检修岗位上取得这样优异的成绩确实难能可贵。王振宁深知，燃气行业需要他学习的知识还有很多。作为共产党员、青年骨干，他以实际行动影响身边伙伴，以技术带动班组成员，以"守土有责"的责任担当，带领他的团队成员们奋战在对外服务的最前沿，全力保障和守护燃气客户的安全供气。

第五章

骐骥引领

上海外高桥第二发电有限责任公司：
走心耕好孕育员工成长的沃土

上海外高桥第二发电有限责任公司地处上海市浦东新区东北端，长江入海口南岸。公司拥有两台国内首次建设、单机容量达 900MW 的超临界进口燃煤发电机组，为国家"十五"规划能源建设重点工程项目、上海市重大工程。两台发电机组分别于 2004 年 4 月和 9 月正式投入商业运行，标志着我国电力工业实现了向百万等级机组建设和运营的跨越式发展，是保障上海本市电力供应的主力军。公司曾获"全国模范职工之家"、全国电力行业质量管理小组活动优秀企业、所属设备管理部电气一班获全国电力行业质量管理小组成果一等奖、上海市"2019-2020 年度（二十届）文明单位"、上海市十佳厂务公开民主管理先进单位、上海市技师创新工作室等荣誉。

多年来，上海外高桥第二发电有限责任公司紧紧围绕建设"综合竞争能力最强的火电企业"的战略目标，依托"技师工作室"这个平台不断积累技术成果；依托"厂务公开"长效机制，提升企业管理效率；依托"深化企业文化建设"以及"积极履行社会责任"内外兼修，塑造更加强大的"精神内核"。为全体员工创造各种有利条件，把握好企业"硬功夫、软实力、精神内核"三个着力点，走心耕好员工成长的沃土。

关注技能提升，练好"硬功夫"

作为国内首次建成的超临界火电机组，外二发电拥有"中华第一机组"的美誉，是新中国火力发电工业的人才摇篮，成立二十多年来向申能股份乃至上海市电力系统输送了一批又一批骨干技术管理人才。然而，近年来核心骨干结构性短缺、新进员工实操能力欠缺等问题无形中拖慢了公司技术进步的发展节奏。因此，以"技师工作室"为抓手，造就一支懂技术、会创新的高技能人才队伍，成为了公司人才培养战略中的重要课题。

2019年9月3日，随着"技师工作室"办公地址以及配套的实操培训中心建成，公司领导来到现场为"技师工作室"正式揭牌。这些年，技师工作室不断推广先进的创新理念、技术和方法，破解生产技术发展瓶颈，加快技术成果转化，已然成为企业的智囊团、岗位的创新源、项目的攻关队、人才的孵化器和团队的方向标。

技术攻关上，技师工作室坚持专业理论知识与实践相结合的原则，聚焦生产过程中的疑难杂症，围绕"降本增效""节能减排"等目标，组建团队开展项目攻坚。人才培训上，技师工作室以技术传承为主线，

将"师徒带教"作为技师工作室的重要任务落实推进。

优化民主管理，提升"软实力"

公司现有员工 212 人，来自五湖四海，有着不同的成长背景，来自不同的小家，这些小家组成了外二发电这个大家庭。让员工更多地参与到企业管理中来，更有利于聚沙成塔、汇智聚力。多年来，公司紧紧围绕企业生产经营中心，探索、创新、深化厂务公开工作的长效机制以及有效形式，营造和谐奋进的企业氛围，先后获得了"全国模范职工之家"以及"上海市十大厂务公开民主管理先进单位"荣誉称号。

作为推进和深化厂务公开、民主管理工作的主渠道，职工代表大会制度在员工心中有着十分重要的地位。从最初的"我讲什么你听什么"到现在的"你想什么我讲什么"模式，职工代表大会的形式和内容有了质的飞跃——《职工问卷调查情况分析报告》通过组织全员参与针对企业年度工作评价、管理层业绩评价、企业发展、创新、人才

培养、福利保障、年度重点工作等一系列问题的调查，为提升企业管理提供数据支撑；《总经理工作报告》《工资及福利性支出等费用执行情况的报告》《安全生产环保现状评估报告》等行政报告全面呈现了员工关注的企业生产、经营以及管理的各个方面……

主渠道优化畅通了还不够，渠道之间也要更加多元化。2011年起，公司相继施行了"领导接待日""青年员工座谈会"等领导与群众面对面的交流形式，并邀请一线员工参加月度生产经营分析会、安全讲评会，丰富员工参与企业民主管理的各种渠道。

打造文明企业，赋予"精神内核"

2021年，公司被上海市评为2019-2020年度文明单位，这已经是公司连续14年第7次获此殊荣。荣誉背后是公司长年以来坚持精神文明建设的成果，一家优秀的企业，员工一定保持着饱满的精神面貌，精神文明建设的优劣是企业形象的一张名片。

2020年，在第七十五届联合国大会上，习近平总书记宣布了国家"2030碳达峰，2060碳中和"的"双碳目标"。作为一家有担当、有责任心的火电企业，外二发电深知自己的责任和使命。在投用现有脱硫、脱销、超低排放设备的基础之上，解读环保排序规则，完成经济性测算设置相应边界条件，对照负荷变化情况、当季发电形势预判等参数调整运行方案，制定全年整体控制策略，保持两台机组的环保排序始终处于上海市第一梯队行列；同时，积极探索燃煤耦合污泥发电技术，实施干化污泥掺烧项目改造，日均掺烧30%含水率的干化污泥超过300吨，为建设天更蓝、水更清的美丽上海贡献自己的力量。

　　另一方面，作为一家国有企业，公司始终不忘自己的社会责任，积极响应"村企结对帮扶"的政策，与崇明区竖新镇仙桥村开展党建结对帮扶；2018 年开始实行电力科普进校园的活动；鼓励员工参与无偿献血、"爱心一日捐"慈善募捐等公益活动，树立"胸怀责任、服务社会"的奉献意识。

　　依靠企业文化为企业形象融入精神内核。自 2004 年两台机组正式投入商业运营以来，企业文化建设的脚步就从未停歇过。2005 年，正式开启关于企业文化建设的思考和探索。2006 年，提出"创建国际一流火电企业"的战略目标。2011 年，企业战略目标从"创建国际一流火电企业"调整为"建设成为综合竞争能力最强火电企业"，为企业文化理念注入了新的灵魂要素。2020 年公司举办"致敬二十年，同心向未来"周年庆典，在企业文化建设历程中制造了又一个高潮。

　　"天行健，君子以自强不息"。目前，国际能源局势复杂多变，国内火电企业面临重大考验，外二发电的全体员工有信心和决心在困难中成长蜕变，砥砺奋进、勇立潮头，当好城市的光明使者，保障电力的稳定供应，向着"建设成为综合竞争能力最强火电企业"的目标迈进！

汇添富基金：一切从长期出发

东方证券下属汇添富基金坚持"一切从长期出发"的经营理念和"客户第一"的价值观，已形成公募业务、私募资管业务、私募股权业务、养老金业务、电商业务、国际业务六大业务板块。截至 2021 年 6 月，汇添富基金资产管理总规模超 1.2 万亿元，服务客户超 1.9 亿户，成为中国一流的综合性资产管理公司之一，多次荣获中国基金业"金基金奖""金牛奖""明星基金奖"、上海市文明单位等奖项。

文化是企业的灵魂，在纷繁复杂的竞争环境中，优秀的企业文化是基业长青的源泉。汇添富从行业第 47 家成立的基金公司发展到目前资产管理总规模超 1.2 万亿、公募排名行业领先的资产管理集团，背后的根本原因就在于文化的力量。在汇添富创立初期，创始股东和创始团队就借鉴国际资管机构经验，把握基金行业本质规律，探索构建了富有特色的汇添富文化体系，其中核心要义就是将"一切从长期出发"确立为企业的经营理念。17 年来，"一切从长期出发"已深深印刻在汇添富员工的心中，成为大家的信念和原则。

"因为相信，所以坚持"

2020 年下半年，大盘连续上涨。考虑到市场的盈利效应和公司的品牌效应，汇添富预判即将发行的中盘价值基金可能又会成为一只"爆款"。为控制规模、做好业绩，7 月 6 日 0 点，汇添富发布公告：提前结束这次募集。

然而，投资者的热情远远超过预期。上午 10 点，预估规模已突破 200 亿元。为此，汇添富管理层紧急讨论，宣布 13 点提前结束募集，可最终仍然创出半天募集近 700 亿元的行业奇迹。按照基金合同，汇添富可以全额确认，但为了更好地为客户创造持续稳定的收益，汇添富管理层经过慎重考虑，顶着巨大的渠道压力，决定将募集上限设为 300 亿元。

事实上，这已经不是汇添富第一次对基金认申购规模设限。2006年，汇添富第二只权益基金就设定了 50 亿元的上限，成为中国基金史上第一家主动设定基金发行上限的公司；2007 年，汇添富暂缓 QDII 产品发行，避免了投资者"出海"损失；2015 年，汇添富坚持

不发分级，并从年初开始对旗下多只绩优基金限购，减少了投资者追高的风险。

一次次主动限制规模的背后，正是汇添富对"一切从长期出发"的坚持。截至 2021 年 6 月底，汇添富旗下股票类基金主动投资管理收益率最近 10 年累计 394%，位居前十大基金公司第一；公募非货币理财月均规模超 6000 亿元，进入行业第二。

"种树"式培养模式

汇添富中盘价值能够成为"爆款"，首要功臣当数"明星"基金经理胡昕炜。他 2011 年从清华大学毕业就加入汇添富，先后从事多个行业的研究，于 2016 年担任汇添富消费行业基金经理，中长期投资业绩优异。

胡昕炜、王栩、雷鸣、劳杰男、刘江、杨瑨……这一串名单很长，他们是汇添富成功的关键之一，他们的成长也正得益于对"一切从长期出发"经营理念的坚定守护、忠实践行。

在汇添富，投研团队多数来自内部培养，他们从国内外顶尖高校毕业就加入了"汇添富大学"，从零开始接受系统专业的培养和价值投资理念的熏陶。这种"种树"式的培养模式虽然见效慢，但扎实有效。他们一开始就走在正确的道路上，在长期的工作中与企业共同成长，汇添富成为他们的家园，成为事业发展和自我实现的平台。正是因为有了真正的归属感，汇添富近五年平均离职率远低于行业平均水平。

事实上，不止于投研团队，汇添富的销售、产品、后台等其他岗位也都用同样的培养理念和管理模式，把每一位员工都培养成最"硬"的脑袋，打造出一个个乐于分享、充满激情、专业稳定的"明星团队"。

靠着这样一支近 800 人的优秀团队,汇添富创造出了稳定优异的投资业绩,提供了专业优质的客户服务,赢得了广大客户的信赖和尊敬。

前瞻思维布局电商业务

在智能手机还没普及、"双 11"概念还未诞生的 2008 年,汇添富就敏锐地察觉到,在线购物网站的崛起正迅速改变消费者的习惯,

投资者购买基金的方式也势必逐渐线上化，互联网金融将是未来的发展方向。在这一年的中期董事会上，汇添富将电商业务确定为公司战略性业务，开始超常规地加大人才招聘和资源投入。

事实证明，这是一项大胆的决策、超前的战略。2013 年，随着"余额宝"等互联网货基的崛起，电商业务受到行业普遍重视，而这时的汇添富已默默耕耘了五年。这是孤独寂寞而又孕育创新的五年，这期间汇添富推出了"现金宝"，打造了货基 T+0 快速赎回模式，并与三方平台开放互联，为后来爆发式发展奠定了基础。

"现金宝"和互联网金融业务的成功，是汇添富对战略性业务不计较短期盈利的长期布局和投入，汇添富的国际业务、养老金业务、ESG 责任投资均是如此。"一切从长期出发"让汇添富建立起全面的业务版图和均衡的发展格局，综合实力稳步迈入行业第一梯队。

在汇添富，"一切从长期出发"的故事很多，因为它不是一句贴在墙上的口号，而是深刻地融入到了投资研究、客户服务、人才培养、战略执行中。它通过品牌化项目的长期熏陶、高管和骨干的身体力行，以及业务管理的一次次决策，成为汇添富员工的信仰！十七年营造以人为本的"家"文化，十四年累计举办四百余期"添富私塾"，十三年捐建十所添富小学……汇添富一直在长跑的路上。

余云龙："飞架黄浦江"的造桥人

余云龙，1967年进入上海电缆研究所工作，主要从事电线电缆专用设备的研发设计及电线电缆工厂设计，是我国电线电缆专用设备领域专家。他承担的项目曾多次获得建设部、机械部的优秀工程设计奖和上海市的科技进步奖。1992年，他被评为上海市劳动模范；1995年被评为全国机械工业先进工作者和全国劳动模范，同时被国家人事部授予"有突出贡献的中青年专家"的称号；1993及1998年两次当选为上海市杨浦区人大代表。

　　一条黄浦江，将上海分成了浦西和浦东。过去江上没桥，两岸来往全靠乘船摆渡，给市民生活带来诸多不便。如今黄浦江上升起了除南浦大桥、杨浦大桥等十几座"彩虹"，祖国的大江大河也都升起了无数的"彩虹"，我国的桥梁建造技术也达到了国际先进水平。一提起这些，全国劳动模范、原上海电缆研究所总工程师、申能集团高端人才奖得主余云龙总是感慨不已。

知难而上，勇挑重担

　　20 世纪 80 年代后期，为了促进经济发展，缓解浦江两岸之间的交通困难，上海市决定在黄浦江上修建南浦大桥。上海市相关部门了解到，电缆导体线芯的绞合与钢丝的绞合有一定的相似之处，遂与电缆所进行接触沟通，随后电缆所成立了由余云龙为项目总负责人的攻关团队，开展大桥缆索生产制造设备的设计、定型工作。

　　1988 年初，上海市委召开会议，决策自主建设南浦大桥。同年，为制造适用于南浦大桥的聚乙烯护层大节距扭转型钢索，机电部上海电缆研究所向上海市委签订了"军令状"，牵头桥梁钢索制造任务，并与上海市政工程设计院、上海第一市政工程公司、南汇宣桥工业公司专门联合组建了上海浦江缆索厂。

夜以继日，三年圆梦

　　讲到聚乙烯护层大节距扭转型钢索，是国外 1980 年代中期开始广泛用于斜拉桥的新型钢索，具有弹性模量高、防护性能好、护层重量轻、施工方便、费用低、可以成盘运输、适合于工厂化生产等优点。当时仅有日本、西德、英国等少数几个先进国家生产，国内尚属空白。

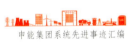

作为项目总负责人的余云龙，当时的压力可想而知，既要组织人员设计生产缆索的设备、联系制造厂家并监督制造，甚至连缆索运输的超大线盘都需要重新设计制造，还要组织人员对上海浦江缆索厂进行工艺布置设计，抓好各项工作的进度，就是为了确保了90对缆索的供货进度与大桥施工所需同步。余云龙带领团队勇挑重担，夜以继日地开展技术攻关。

1990年6月，由我国自主研发制造的聚乙烯护层大节距扭转型钢索一举通过由当时的上海市黄浦江大桥工程建设指挥部组织的对南浦大桥斜拉索生产工艺技术开展的专家评审，专家组一致认为"车间工艺布局合理、工艺流程通畅、关键技术有重大突破，具有独创性，填补了国内工厂化生产的空白"，"南浦大桥工程所用之0号索（265/Φ7），其各项技术指标均符合技术条件要求，达到国外同类产品水平，产品可用于南浦大桥工程"。

以此为基础，1991年6月20日南浦大桥贯通，1991年11月19日大桥落成典礼在上海举行，同年12月1日，南浦大桥正式通车运营。南浦大桥宛如一条昂首盘旋的巨龙横卧在黄浦江上，它使上海人圆了"一桥飞架黄浦江"的梦想。自1988年12月25日南浦大桥动工建设以来，前后历时仅三年时间。

连续作战，横贯东西

在上海浦江缆索厂向南浦大桥提供缆索的同时，余云龙带领项目组开始考虑杨浦大桥所需缆索的制造问题。杨浦大桥每座索塔两侧各有32对拉索，全桥共256根，最大索长330米，拉索最大断面由313根直径Φ7高强钢丝组成。要生产比南浦大桥的缆索长度更长、直径更大缆索，需要对生产设备进行改造并对厂房进行扩建。在项目组及缆索厂的共同努力下，顺利地完成了杨浦大桥所需斜拉索的供货，杨浦大桥工程自 1991 年 4 月 29 日开始打桩，经过 30 个月拼搏，提前100 天完成建筑任务，于 1993 年 10 月 23 日上午 10 时顺利建成通车。杨浦大桥 602 米长的主桥犹如一道横跨浦江的彩虹，在当时世界同类型斜拉桥中雄居第一。

杨浦大桥挺拔高耸的 208 米主塔似一把利剑直刺穹苍，塔的两侧32 对钢索连接主梁，呈扇面展开，如巨型琴弦，正弹奏着巨龙腾飞的奏鸣曲。邓小平同志亲自为大桥题写了桥名，他以 88 岁高龄登上杨浦大桥时感慨地说："喜看今日路，胜读万年书。"南浦大桥、杨浦大桥及后来建设的徐浦大桥、奉浦大桥等斜拉大桥的逐步建成，使上海浦东发生了日新月异的变化，越来越多的海内外投资商将资金投向这片热土，便利的交通环境为浦东的腾飞添上了翅膀。

创新发展，服务全国

南浦大桥、杨浦大桥是斜拉桥的形式，然而中国地大物博，面对大江大河，需要建设更大跨度的悬索桥，广东汕头海湾大桥就是典型的例子。悬索桥的每根主缆采用预制平行股缆组成，每股由 91 根 φ5 钢丝组成六边形截面，每根主缆共有 110 股。主缆挤圆的外径为 55～56cm。悬索桥主缆预制平行钢丝束成品的生产是一个摆在项目组面前的全新课题。从 1992 年开始，余云龙又带领项目组研发设计生产由 91 根 φ5 钢丝组成六边形截面的预制平行钢丝束的设备，经过项目组全体人员的共同努力下，如期为汕头海湾大桥工程提供了220 股预制平行钢丝束成品，为汕头海湾大桥的建成提供了坚实的保

证。1992 年 3 月 28 日，汕头海湾大桥动工兴建；1995 年 12 月 28 日，汕头海湾大桥通车运营；1996 年 10 月，汕头海湾大桥通过验收。汕头海湾大桥是我国第一座大型预应力混凝土悬索桥。

随着 20 世纪 90 年代初作为桥梁受力件的斜拉索、悬索的研发成功，不仅让黄浦江上升起了除南浦大桥、杨浦大桥等多座"彩虹"，祖国的大江大河也都升起了无数的"彩虹"，同时也使我国的桥梁建造技术达到了国际先进水平。

徐海宁：财富管理行业的转型先行者

徐海宁，现任东方证券副总裁，兼任财富管理业务总部总经理。1970年2月生，中共党员。曾荣获"上海领军金才""上海市巾帼建功标兵""中国券商经纪业务先锋领袖"等称号，出版《科创板实务操作全解码》等专著。2017-2019年连续三年蝉联证券时报"中国财富管理领军人物君鼎奖"。

党的十八大以来，面对资本市场的改革深化、资管产品的净值化管理、投资者的多元化需求，传统机构如何服务好新时代的居民财富管理需求，财富管理行业商业模式如何建立，财富管理转型之路去向何方？

当众多行业者刚开始思考这些问题时，却发现来自东方证券的徐海宁已经带领团队，早早地用转型行动给出了答案。

先行探索，率先推动券商财富管理转型之路

证券公司经纪业务在过去贡献了大部分盈利，但也制约了转型发展动力。面对交易量波动和交易佣金的下滑，徐海宁敏锐地洞察到了未来行业趋势，早在 2015 年就率先在证券行业引领和实施财富管理转型，以空杯心态拥抱变化，发挥东方证券行业特色，带领团队走出一条"难而正确"的财富管理之路。

在徐海宁的带领下，东方证券 2015 年在行业内第一个将经纪业务部门更名为财富管理业务部门，实行事业部管理，构建平台化组织架构，突破传统路径依赖，真正围绕为"客户创造价值"这一理念进行资源配置，使东方证券成为行业内最早进行财富管理转型的组织，并为之后发展打下先发基础。

"券商财富管理转型发展，是一个长期系统性工作，不仅走得稳，更要走得远。"徐海宁说。实际上，面对转型过程中的许多困难，徐海宁从未退缩，她大胆假设、小心求证，带领团队针对行业趋势变化，将一系列战略转型措施推动落地。

经过反复实践，徐海宁提出"严选资产、专业配置、买方视角、完整服务"的财富管理商业模式，引领证券行业财富管理转型。随着

资本市场的不断发展和中国居民财富管理需求的日益增长，她进一步将东方证券财富管理的发展目标定义为专业"服务于中国居民和广大机构的金融资产配置"。

厚积薄发，转型举措得到行业认可

在转型初期，东方证券仅有68家传统营业部，有2/3处于亏损状态。为克服传统经营方式的影响，徐海宁坚持增量改革，以新模式、轻资产方式在全国范围内新设109家分支机构。新网点以为广大投资者提供金融资产配置为核心，注重客户体验和服务专业化。

目前，东方证券在87座城市设立177家分支机构，是上海市第一家覆盖所有省、自治区和直辖市的券商。连续八年实施"东方之星""东方之鹰""东方之光"三大人才战略，面向应届毕业生、一线基层和市场优秀人才选拔专业化、年轻化的干部队伍，累计储备和任用干部超200名。

在每一家分支机构的设立过程中，徐海宁都对方案规划、实地选址、目标客群等进行走访调查，每一年的工作足迹遍布全国各地。对每一位加入财富管理业务总部大团队的成员她都亲自沟通指导，为其规划职业成长。同样地，秉持对投资者尽职负责的原则，徐海宁对每一位合作的管理人都进行实地尽调，每年走访超过百家资产管理人，深入了解管理人的风格与业绩，以认真严谨的态度激励着团队成员在转型之路上不断前进。

六年来，通过在财富管理商业模式、客群渠道、人才培养、中台建设、种子基金引导、考核导向等方面不断实践，徐海宁带领团队逐渐建立起了具有东方特色的券商财富管理业务体系，形成广泛的影

响力。截至 2021 年上半年，公司累计服务客户 213 万名，公募权益基金保有规模突破 500 亿，位列上海券商第一，全国券商第五。2020 年客户投资收益 102 亿，为客户带来长期、良好的投资体验。产品相关收入复合增长率连续两年突破 150%，从 2015 年的第 32 名上升至 2021 年的第 11 名，产品收入相较于转型之初增长 500%，切实走出一条可持续发展的财富管理之路。

买方视角，把握基金投顾试点改革机遇

2019 年底，中国证监会发布了《关于做好公开募集证券投资基金投资顾问业务试点工作的通知》，徐海宁敏锐地感知到，试点资格的推行将开启中国财富管理的买方时代。她高度重视申请工作，第一时

间挂帅，在公司成立专项小组，针对业务要点和监管关注点，连续加班加点完成方案报送，与监管保持积极沟通，及时充分做出答复，并于 2021 年 5 月赴京答辩正式取得试点资格监管备案函。

在场检准备阶段，徐海宁每周召开跨部门小组会议，及时推进各项业务流程和系统开发工作，协调解决存在的各类问题。她充分考虑各个业务节点设计，坚持以最优于客户利益为原则，针对不足之处都一一改进，最终于 2021 年 9 月顺利完成场检，在全国同批试点机构中首家获批正式开业。

同舟共济，坚定信心抗战新冠疫情

2020 年初，新冠肺炎疫情袭来，东方证券积极开展防疫措施，徐海宁心系全国 177 家分支机构，面对时间紧、任务重、责任大的疫情挑战，她与财富管理业务总部全体同仁同舟共济，通过电话、微信等方式讨论抗疫方案，部署分支机构节后开市等应急工作，做到守土有责、守土担责、守土尽责。

疫情期间，徐海宁组织近百次二级部门和分支机构负责人微信会议，对下属员工身体状况与心理情绪及时关心，并密切关注 3 家湖北地区分支机构员工身体状况。血脉相连，在物资最为紧缺的期间，她尽最大努力协调口罩、酒精、消毒水、防护服等防疫物资，为武汉分支机构和投资者提供防疫支持。

节后复工，在符合监管要求的前提下，部门配置最低到岗人员，最大程度降低疫情传播风险，保障开市运营。徐海宁自疫情初期就带头值班，坚守岗位没有休息一天，领导制定各项措施方案，实时跟进防疫状况，与财富团队风雨同舟，打赢疫情防控阻击战。

在上海市基本建成国际金融中心、打造全球资产管理中心的背景下，全球财富管理中心的建设也势在必行。"日拱一卒，功不唐捐，我们每天都在坚持做同样的事情，就是把财富管理做到纯粹和极致。"徐海宁表示，"中国财富管理机构的转型之路远未结束，中国居民财富管理和资产配置服务也刚刚开启，面对未来我们充满希望、不断前进、积极作为。"

鲁伟铭：行稳致远，爱"债"东方，
打造公司销售交易平台

鲁伟铭，现任东方证券股份有限公司副总裁，固定收益业务总部党支部书记。在二十多年的金融生涯中，鲁伟铭与团队砥砺前行、同舟互济，先后获 2008 年上海市"新长征突击手"、2017 年银行间债券市场"优秀交易主管"、2017 年国家开发银行金融债券"特殊贡献奖"、2019年上海市"领军金才"和 2019 年农发行金融债券"最佳支持奖"等荣誉。

作为公司固定收益业务主要创建人，鲁伟铭对市场前景有敏锐的洞察力。怀揣"行稳致远、爱债东方"的理念，他带领团队率先在业内构建起 FICC 全业务链、搭建了全资产境内外销售交易平台，不仅推动了相关业务条线协同合作，也为大自营的转型发展做出独特贡献。

深入研究，长远布局，完成 FICC 全产业链布局

自营投资一直是证券公司固定收益业务的主要收入来源，但近年来债券市场波动加大，对券商传统业务模式形成较大的压力，对企业内部自我"造血"功能的探索迫在眉睫。

2014 年，鲁伟铭全面执掌固定收益业务总部、担任公司固定收益业务总部总经理。临危受命，他对自营投资的转型成败忧心忡忡。

在组织部门深入研究国际投行先进经验的过程中，他与团队惊讶地发现 FICC 在券商公司收入中的重要作用——国际头部公司甚至占比超过 50%。相对应的却是国内券商在该领域起步较晚，后劲不足，这让他看到一丝转型方向上的曙光。于是，在反复论证后，鲁伟铭和团队确立了固定收益业务向 FICC（固定收益、黄金和大宗商品以及外汇业务）全业务链拓展和布局的大方向，在国内率先开启业内自营业务的"升级"探索。

在鲁伟铭的规划里，黄金业务是 FICC 全产业链布局中的先行者。2014 年，公司取得证监会对开展黄金现货合约自营业务的无异议函；2015 年，公司正式成为上海黄金交易所第七家券商类特别会员；2018 年，成为首个获得金交所优秀会员称号的券商。在黄金业务上的稳扎稳打很快产生了回报，累计发行黄金挂钩产品超过 500 期。黄金业务的率先入场无疑证实了鲁伟铭的前瞻眼光。

有了黄金业务的成功范本，鲁伟铭和团队也开始布局大宗商品业务。从2017年公司开展大宗商品期货交易，到2021年初开始探索商品期权场内、场外交易，以鲁伟铭为核心的团队不仅创建了一套从上至下的研究框架，还在产业套利的基础上，自主研发宏观对冲策略，在短短几年内打造出风险可控的"东方"品牌。

作为FICC产业链上另一个重要模块，鲁伟铭始终高度重视外汇业务，坚持布局先行。2020年初，公司获得结售汇业务经营资格，成为7家获批从事外汇业务的券商之一，并于当年成为中国外汇交易中心外汇交易会员、上清所净额清算会员及交易中心外币对会员，实现与国家外汇管理局及外汇交易中心的专线联通。在他的带领下，东方证券已全面开展外汇自营与代客业务，外汇交易超2万笔，交易量居行业前3位。

至此，公司FICC全产业链的布局在鲁伟铭的领导下已经全面完成，一张兼顾黄金业务、大宗商品业务和外汇业务的全面产业网络布局成功。东方证券FICC取得行业领先地位，未来空间巨大。

巩固优势，多元创新，搭建全资产境内外销售交易平台

在这场"内部改革"中，鲁伟铭始终愿意做公司转型中的"领头羊"。在推进FICC业务布局的同时，他也结合行业发展趋势，坚定推动传统自营投资向销售交易转型，并结合公司自身优势进行创新业务的拓展，推动收入多元化。

一方面，借助自营投资的庞大规模，鲁伟铭积极引入做市业务，带领公司获得首批银行间市场做市商资格。在他看来，要结合资本市场量化发展的大趋势，就要组建独属自身的量化交易团队，打造品牌

优势。此外，他始终坚持要利用好利率债销售的名片作用。短短几年，东方证券的国债和政策性银行金融债承销规模稳居行业前 2 名，离不开鲁伟铭依托利率债销售积累的大量客户基础和即时决策的魄力。

另一方面，鲁伟铭也致力于公司投资管理能力的输出。前几年瞄准银行理财快速发展的市场机遇，成立资本中介团队，与近 30 家银行机构建立了合作关系；资管新规后，鲁伟铭更是带领团队向代客业务转型，在与农商行机构合作联动并形成了新的业务模式，为公司业务多元化找到了新的抓手。

公司FICC业务在鲁伟铭的不断改革探索下，实现市场机构全覆盖，一、二级市场业务融通，满足各类型客户的不同需求。这使得公司在自我"造血"中实现内生的良性循环，也顺应了市场发展趋势。

然而，鲁伟铭并未满足于上述成绩而止步不前，尤其是在他增加分管了公司权益自营和研究所等业务后，思考将整个投研条线协同联动起来，在这个大变革过程中进一步满足客户需求、进行前瞻性业务布局。

今年，鲁伟铭在业内率先提出搭建全资产境内外销售交易平台。依托公司投资交易、资产和财富管理等优势业务，借助现代金融科技手段，深入挖掘境内外机构和企业客户全方位需求，提供给客户全方位、一站式服务，以最大程度满足客户在资产管理和财富管理过程中产生的投融资及风险对冲等需求。

响应政策，一岗双责，积极践行公司社会责任

可持续发展已经成为政府和社会发展的共识，企业承担社会责任的功能也成为社会评价一家公司的重要标准。在鲁伟铭看来，要实现绿色金融，就要带领所分管部门在业务开展实践当中践行国有企业的社会责任担当。他积极推动相关团队积极参与绿色债、抗疫债的承销，多次受到交易所、国开、农发等监管机构的表彰；大力推动债融主承销业务，成功发行多个首单产品；他还多次组织召开 ESG 专题策略会和讨论会，并安排开发了东方证券碳中和指数，形成了良好的社会影响力。

此外，身兼固定收益业务总部党支部书记和部门廉洁工作第一责任人两项职责，鲁伟铭也始终坚定着自己"一岗双责"的路线：党建与业务深度融合，形成合力。

在鲁伟铭看来，这场东方证券内部的"自我革新"并不是一蹴而就的。对他而言，"行稳致远，脚踏实地，爱债东方"是一直秉持的理念，

也将成为未来工作中始终不渝地坚守。他将继续坚守在一线岗位上，为东方证券自营投资与内生业务贡献自己的力量。

姚大伟：提高战略性先进材料的
　　　国产化保障能力

姚大伟，现任上海电缆研究所有限公司主任工程师。曾获上海市青年
岗位能手、上海市青年拔尖人才。

科技部针对高端制造领域的 347 种关键材料的调查发现，我国被国外禁运和出口管制的材料达到 61 种，依赖进口 156 种。据中国工程科技发展战略研究院统计，在 5G 通信领域用铜基材料的产业规模预计将突破 1000 亿元，连接器用铜材的市场规模可达 450 亿元，印制电路覆铜板市场规模可达 30 亿元。其中超微细合金导线是一种战略材料，是一种比头发还细、比羊毛还光滑、比饮用水还纯净的特殊材料。应用于航天、传感、通讯、医疗等领域，是电子信息时代的基础。

姚大伟，则是研究超微细合金导线的个中高手。

科研目标聚焦：蛰伏十年自挥汗，一朝亮剑动乾坤

姚大伟对铜合金的研究最早可以追溯到 2006 年的"挑战杯创新竞赛"，攻读博士学位时，他开始系统研究铜合金微结构及组织性能演变规律，工作后凭借前期的基础研究"内功"向产品开发深入探索。承担 2016 国家重点研发计划课题"超纯铜银合金微细材关键技术研究与产业化"后，姚大伟自主研制出了 0.090mm 线径的超纯合金微细线和一套完整的加工工艺，达到项目主要技术指标，超同类进口导体性能，在行业内形成较大影响力，改变了这一用于精密电子、航空航天的关键材料全部依赖进口的现状，提高了我国战略性先进材料的国产化保障能力。

中国在先进导体材料领域上一直处于弱势地位，国内市场被进口产品垄断。"做自主产品，树民族品牌"已成为迫在眉睫的任务。随着研究的深入，主打的铜银合金产品已经达到了以 Furukawa 为代表的典型产品性能，而技术自主、工艺可控使得价格上具有天然优势，因此客户对本团队开发的产品需求非常迫切。

"行百里者半九十"，只有纸面功夫是远远不够的，唯有形成稳定的生产能力，才能真正打开铜银合金的市场化大门，真正实现科研项目从"纸上谈兵"到"成果落地"。自 2021 年改造出第一台连铸设备后，经过三个月不舍昼夜的试车和试生产，终于签订了第一笔自主开发的产品的销售合同，并在与竞争对手的较量中掌握了定价权，将铜银合金系列产品覆盖到全牌号。未来，姚大伟有信心争取到更多的订单，开发出更多的产品，其中 S 系微细线产品已经开展了 10 余次试制，性能良好，进入中试阶段；R 系微细线产品开始了试用，获得了很多一手数据，其中很多研究是国际首次开展。

科研团队建设：一花独放不是春、百花齐放春满园

姚大伟牵头组建了铜合金科研团队和导体专项实验室，引进了中南大学、上海大学等高校的优秀毕业生和技术专家，增加了扫描电镜、荧光光谱仪等先进设备。承担航空导线分析、超导材料分析、机器人导线分析、架空导线分析等国家级、市级项目的分析评估任务。

团队需要积极向上的氛围，领头羊必须扎根一线，率先垂范、培育骨干、以点带面，充分调动青年的积极性。合理分工，赋予每个人相应的权力和责任，以便实现团队目标；资源共享，信息共享和沟通，是杰出青年科技人才快速成长的肥沃土壤；开放合作，进行广泛的国际合作与交流，提高创新团队的工作起点，增强创新能力。

团队积极参加社会服务，主动到社区报到成为志愿者，参加了为孤寡老人送温暖、无偿献血、服务进博会、双史馆义务讲解等活动。抗击疫情期间，组织填报每日健康状况，办公场所进行提前清洁，开会全程佩戴口罩，人与人之间保持距离，上下午对楼道、电梯、洗手

间定期消毒，分散用餐，最大程度降低人员聚集，防控风险。即使有多位返沪隔离的同事，科研一刻也没有放松，团队工作时通过连线视频，一人操作，多人观察，把过程展现得清清楚楚，发现问题共同讨论，各自分工记录整理，得出不同方向的研究成果。在这个大家庭里，没有人是孤独的。团队先后获得电缆所优秀班组、电缆所青年突击队、杨浦区标杆青年突击队、上海市国资委系统青年突击队等诸多荣誉。

科研制度创新：授人以鱼不如授人以渔

上海电缆研究所有限公司，目前正大力推进"一核两翼八驱"的发展战略，把科技研发与科技创新作为核心动能来培育。科研是否排斥制度？创新是否意味着无章可循？CNAS 国内首家科研实验室——特种电缆技术国家重点实验室科研管理制度建设过程中，姚大伟作为 PI（研究负责人），全程参与项目资料汇报、演示和专家质询、访谈。

如何将 GRLP（科研实验室良好规范）与现有的质量体系融合是个难题。一方面，关注科研实验室的研究过程，建立科学的评价技术指标体系；另一方面，识别风险源，守住实验室安全的底线，从过程控制、数据质量，以及与行业规范的接轨等方面发挥保障和支撑作用。

GRLP 推动了科研的痕迹管理，实现了科研活动的可追溯性，为科研人员养成诚信的职业操守做出了制度上的安排。更加关注在研究过程中建立起科学的评价技术的指标体系，改变了过去科研数据难以重复、结果可靠性无法采信的现象。

在 GRLP 建立和运行的过程中，最关键的人即 PI，通过不断学习和理解，一改过去"上面讲，下面听"的填鸭式灌输的做法，采用头脑风暴的方式，通过思想上碰撞，去领悟和把握 GRLP 的实质要求，在学思践悟中真正做到"内化于心，外化于行"。

"不以规矩不能成方圆"，科技创新离不开规范化管理。面对科学研究的瓶颈，要敢于打破常规思路，不断创新；而科研质量保证、数据保证技术等应遵循规范化管理，使得所有科研成果都有迹可循。

图书在版编目（CIP）数据

申情永向党，赋能再出发：申能集团系统先进事迹汇编 ／ 中共申能
（集团）有限公司委员会主编. —上海：上海三联书店，2022.1
ISBN 978-7-5426-7491-3

Ⅰ.①申⋯　Ⅱ.①中⋯　Ⅲ.①电力工业–工业企业–先进工作者–先进
事迹–上海　Ⅳ.①K826.16

中国版本图书馆CIP数据核字（2021）第275927号

申情永向党，赋能再出发：申能集团系统先进事迹汇编

主　　　编 ／ 中共申能（集团）有限公司委员会
责任编辑 ／ 殷亚平
特约编辑 ／ 张静乔
装帧设计 ／ 徐　徐
监　　制 ／ 姚　军
责任校对 ／ 张大伟

出版发行 ／ 上海三联书店
　　　　　 （200030）中国上海市漕溪北路331号A座6楼
邮购电话 ／ 021–22895540
印　　刷 ／ 上海南朝印刷有限公司
版　　次 ／ 2022年1月第1版
印　　次 ／ 2022年1月第1次印刷
开　　本 ／ 710×1000　1/16
字　　数 ／ 120千字
印　　张 ／ 10
书　　号 ／ ISBN 978-7-5426-7491-3/K·665
定　　价 ／ 68.00元

敬启读者，如发现本书有印装质量问题，请与印刷厂联系021–62213990